シリーズ 権力者と仏教3

足利義満と禅宗

上田純一

法藏館

足利義満と禅宗＊目次

足利義満と禅宗

はじめに

相国寺の建立

室町幕府第三代将軍の足利義満が熱心な禅宗保護者であったことは、疑う余地のない事実である。たとえば、将軍家菩提寺《ぼだいじ》相国寺《しょうこくじ》の建立に際して彼が見せた異常とも言える熱意は、その最たるものであろう。それは次のようなものであったと伝えられている。

一三八二年（永徳二年）一〇月、この年左大臣となった義満は禅寺の建立を計画し、側近の禅僧春屋妙葩《しゅんおくみょうは》や義堂周信《ぎどうしゅうしん》らに諮った。はじめ義満は小規模の修禅道場を望んでいたが、義堂の勧めもあり、大伽藍の建立を決意する。これがすなわち相国寺の建立であり、寺号となった「相国」は、左大臣の唐名「相国」にちなむものであった。

建立は直ちに開始され、翌月には早くも諸堂五カ所および小仏殿・法堂《はっとう》などの立柱上《りっちゅうじょう》棟《とう》が終わっている。驚くべきスピードであった。通常、寺院の建立というのは、数年、時には一〇年単位の年月が必要になる。大寺院であればあるほどそうである。たとえば、造

図1　足利義満像（伝飛鳥井雅縁和歌賛）
（鹿苑寺蔵）

営にとりかかる以前の作業としても、必要な用材を確保するために各地の山をめぐることから始まり、切り出した木材を工事現場へ移送し、その後用材に加工するという、気の遠くなるような一連の作業が待っている。

相国寺の場合、このような驚くべきスピードで建築が進んだ理由とはいったい何だったのだろう。

結論から言えば、伽藍《がらん》の多くが新造でなかったためである。その多くは他所から移転再建されたものであった。

たとえば、禅寺の中心部分とも言える法堂（住持が衆僧に説法する場）であるが、これは、洛北にあった等持院《とうじいん》の旧法堂を移転したものであった（『荒暦《こうりやく》』永徳二年一〇月三〇日条）。また、のちに建てられた方丈なども、五条にあった公家の寝殿を移建したもののようである（『吉田家日次記《よしだけひなみき》』永徳三年八月六日条）。

このように、他所の既存の建物を解体し移建するという方法は、解体される側からすればもちろん迷惑なやり方ではあったが、時間短縮という点では、確かに有効な方法であったわけである。

相国寺建立に際して、義満がとった乱暴な方法は、実はこれだけではなかった。同寺敷地を得るために、近辺の既存の建物を他所へ強制的に移すという方法もとられた。浄土宗寺院の知恩寺（百万遍）は、この頃今出川高倉あたりに所在していたのだが、相国寺予定敷地内にあるという理由により、一条通り北小川西（一条戻り橋の付近）の地に移転させられた。[1] 知恩寺が現在の場所（左京区田中門前町）に落ち着いたのは、江戸時代の一六六二年（寛文二年）、二度目の移転を経た後のことである。また、義満の修禅道場であった鹿苑院《ろくおんいん》の故地には、はじめ聖一派《しょういちは》（東福寺系）の禅寺安聖寺《あんしょうじ》という寺があったのだが、これも移転させせられ、その跡に鹿苑院が造営されたのである。[2]

義満のこのようなやり方に対しては、公家の側では、当然のことながら憤懣が渦を巻いた。しかしながらそれを正面切って彼にぶつける者は誰一人としておらず、せいぜい日記などで憂さを晴らすだけであった。たとえば、公家の一条経嗣《いちじょうつねつぐ》は、「近辺の敷地など皆以《もっ》て点ぜらる、よって人々多く以て没落すと云々、末世末法の至極」と記し、「かくのごとき事、(清盛の)福原遷都《せんと》の時の外、例なし」と嘆息している(『荒暦』)。

義満の情熱は、さらに工事現場においても発揮された。現場に赴き、自ら土砂を運ぶというパフォーマンスまで演じてみせたのである。これには実は先例があった。鎌倉時代、南禅寺《なんぜんじ》造営の際、亀山法皇自身が工事現場に赴き三度にわたり土砂を運んだという故事に倣ったものである。義満も同じように三度土砂を運んだと伝えられている。普請《ふしん》の課役は公家・武家一同に課せられることになったが、義満のこのような熱意に押されたためか、河内国玉櫛庄《たまくしのしょう》をはじめとして公武の寺領寄進は相次いだ。

このようにして相国寺の造営は進められたのだが、最後に残された課題が、実は寺格《じかく》の問題であった。相国寺を五山のひとつに加えるという、義満の悲願にも似た思いであった。

当時、五山は鎌倉・京都ともにすでに満杯の状態であった。五山に指定されていた禅寺は、鎌倉では建長寺《けんちょうじ》・円覚寺《えんがくじ》・寿福寺《じゅふくじ》・浄智寺《じょうちじ》・浄妙寺《じょうみょうじ》の五寺、京都では南禅寺・天龍寺《てんりゅうじ》・建仁寺《けんにんじ》・東福寺《とうふくじ》・万寿寺《まんじゅじ》の五寺であり、このままでは相国寺が五山に昇位する余地はない。そこで義満は奇策を案出した。南禅寺を五山之上に格上げし、空いた席に相国寺を加えるという芸当をやってのけたのである。

「五山之上」という寺格の設定は、実は中国元代、文宗の時代に先例がある。文宗が金《きん》陵《りょう》（南京）の潜邸を改めて大龍翔集慶寺《だいりゅうしょうしゅうけいじ》とし、「五山之上」とした例に倣うものである。義満にこれを建言したのは義堂周信であった。これにより、五山の禅寺の数は、京都・鎌倉を合わせて一一カ寺となり、五山本来の意であった五カ寺の意味は完全に失われ、単に寺格のみを表す称号になってしまった。

一三九二年（明徳三年）八月、工事は完成し、排門・総門・三門・仏殿・土地堂・祖師堂・法堂・庫院《くいん》・僧堂・方丈《ほうじょう》・浴室・東司《とうす》・講堂・鐘楼《しょうろう》などの堂宇を完備した将軍家菩提寺相国寺が誕生した。落成供養の式典には義満をはじめ公家・武家・僧など多くの参列者があり、春屋妙葩の跡を嗣いだ空谷明応《くうこくみょうおう》を導師として盛大な落成供養が営まれた。

その後、一三九九年（応永六年）には、三六〇尺（約一〇八ｍ）の高さをほこる七重の大塔も建立された。当時、将軍職を義持に譲り、また公家最高の官職である太政大臣も辞していた義満は、空谷明応を戒師として出家し、北山第に移居していた。だがこれは、いわゆる隠居の生活ではなく、政治の実権は依然として義満が掌握したままで公武に君臨していたのである。このような政治状況のなか、大塔の供養は宮中の御斎会《ごさいえ》（宮中清涼殿《せいりょうでん》で毎年正月に行われる国家安寧《あんねい》の法会）に準じて行われた。南都《なんと》北嶺《ほくれい》からは一〇〇〇人の僧が

図2　相国寺法堂

参集し、義満は北山第から上皇御幸の儀にのっとって参列した。

このセレモニーを見るために、遠く筑紫や鎌倉からも多くの見物人が上洛したと言われており、義満の権勢やこれに保護された禅宗の隆盛は日本各地まで知れわたることになった。『相国寺塔供養記』は、その時の盛大な行列の様を詳しく記している。同書によれば、北山第への義満の帰還は夜になったが、帰路の道筋には灯炉が隙間なく掛けられ灯が点された。灯炉に照らされた夜道は昼のように明るく、人々の目を驚かせたと記されている。

義満の信仰

このように義満は禅宗を熱烈に保護した。

相国寺は、彼の異常とも言える熱意で誕生した寺院であったと言える。この点について疑いの余地は全くない。

だが、これまでこのような事実があまりに強調されてきたためか、次のような誤った考えが生みだされてきたことも見逃せない。義満は禅宗一辺倒の人であって、それ以外の信仰が入り込む余地はほとんどなかった、とする考えである。

しかしながら、もし彼の信仰自体を問題にするとすれば、そのような理解は、実態との間にかなり大きなへだたりがあると言わざるを得ない。

この点に関連して、芳賀幸四郎氏は、義満の信仰の中核は禅宗にあったのではなく、浄土信仰にあったと論じている[3]。氏が明らかにしたように、義満は義堂周信との問答中でも、

> 君又問ふ、浄土は念ずべきや否や、余曰く、念は即《すなわ》ち分別《ふんべつ》なり、浄土・穢土《えど》は只《た》是《こ》れ衆生《しゅじょう》の分別念中に生ずる所、仏境界中に、初め二土無しと云々（原漢文、傍点筆者、以下同じ）

あるいは、

府君の話古今の事に及ぶ、孟子《もうし》書の伯夷《はくい》・柳下恵《りゅうかけい》等の事、六祖大師は何処の人たるか、逆修《ぎゃくしゅ》は何の功徳《くどく》有りや、念仏せば往生すべきや否や、古人の入室の儀式如何《いかん》と、余答へて曰く、日本にては吾が先師天龍に住せし時、入室の儀有り、近来は未《いま》だ嘗《かつ》て其の説を聞かず

と、念仏の功徳についてあれこれ質問するなど、[4] 念仏にかなり興味をもっていたことを指摘できる。また絶海中津《ぜっかいちゅうしん》にも、

又一日広照（絶海中津）に謂ひて曰く、禅宗は証入し難し、念仏を兼修せんと欲す、如何

と、禅宗は至難であるから浄土の業を兼修したいとも述べている。[5]同様なことは、義満が一三九七年（応永四年）から造営を開始した北山山荘についても指摘できる。[6]

北山山荘には、当時、護摩《ごま》堂、懺法《せんぼう》堂、寝殿、天鏡閣、泉殿、会所などの建物があったが、鏡湖池に臨む三層の楼閣舎利殿《ろうかくしゃりでん》（金閣）は、義満の私的生活の中心となる空間であり、彼の趣味が最も生かされた建物であった。この金閣について注意すべき点は、二層の内部

には観音像が、三層には阿弥陀三尊像《あみださんぞん》および二十五菩薩像《にじゅうごぼさつ》が安置されるなど、浄土教の諸尊が安置されていた事実である。側近の斯波義将《しばよしまさ》は、北山山荘のもつこのような浄土教的雰囲気について、「西方極楽にも換《よしゆき》ふべからず」の表現で嘆賞した。

以上の事実は、すでに芳賀氏も指摘したように、義満の信仰の中核が浄土信仰にあったことを窺わせるものである。

一方、富田正弘・今谷明両氏は、義満が密教祈禱や陰陽道《おんみようどう》に傾倒していた事実を指摘した。(7)両氏の説くところによれば、義満は北山邸において廻祈禱《めぐりきとう》と称する月例の法会を主催していたが、これは密教と陰陽道祈禱をセットにした法会であった。今谷氏はこれについて、国家的祈禱の主催者（天皇）としての地位獲得を目指した義満が、神祇・神道を基礎とする従来の律令的祭祀に対して、密教や陰陽道祈禱を中心とした新たな国家的祈禱体系の創出を意図して行ったもの、と評価した。義満の主催した祈禱の法会が今谷氏の言うような意図をもつものであったか否かはしばらく措くとしても、(8)密教的信仰や陰陽道に彼が深く傾倒していたことは否定できない。

近年では、さらに義満の建立した相国寺の伽藍構成に関しても同様の指摘がなされている。冨島義幸氏は、相国寺に建立された七重塔や法華八講を修する八講堂などについて、それが顕密仏事の会場であったことを指摘し、同寺を単なる禅宗寺院と考えることに疑義を呈している。[9]

このように、義満の信仰については禅宗以外の信仰の混在が指摘される一方、禅宗そのものに対する彼の姿勢についても、興味深い事実が明らかにされてきた。玉村竹二氏が論じた[10]妙心寺への弾圧という事件である。

一三九九年（応永六年）、大内義弘は義満に対して反乱を起こし堺で敗死した。いわゆる応永の乱である。義満の有力守護に対する弾圧の一例として古くから著名な事件であるが、意外なことにこの事件の余波は妙心寺へも波及し、同寺に対する弾圧へと発展していったのである。妙心寺の拙堂宗朴《せつどうそうぼく》が大内義弘と親交があり、乱に荷担したという理由によるものであった。この結果、同寺の寺領は没収され、寺名も「龍雲寺」と改められた上で、天台宗青蓮院の管理下に入ることを余儀なくされた。妙心寺史上、「龍雲寺時代」あるいは「中絶時代」と称される事件である。これは、義満の禅宗保護というものが、いかに政治的要素と不可分の関係にあったか、ということを如実に示した事件であったと言える。

本書の視点

以上に述べたような事実を踏まえた場合、禅宗に対する彼の情熱も、これを額面通りに受け取るのではいささか単純すぎるようにも思われてくる。

何よりも彼は政治家であった。とすれば禅宗に対する彼の姿勢も、当時の政治環境や、彼が進めていた対外政策などと絡めながら考察することが必要なのだろう。

このように考えてみた場合、アプローチの方法としては少なくとも二通りがある。

ひとつは、従来からの方法であるが、主として国内の宗教勢力の動向に視点を据えた研究である。近年の傾向としては、顕密宗教勢力に対抗する新たな勢力として禅宗を位置づけ、幕府による保護をこの点から解き明かそうとする特色をもつ。これまでに着実な成果が積み重ねられており、[11]今後も継承すべき視点であることは間違いない。

そして、残るひとつが、東アジア的な視点から、とくに日明関係に焦点を据えて、この時期の禅宗の問題を解明していこうとする方法である。本書もこのような視点からの研究に属するものである。したがって、義満の宗教政策について、総体的ななにがしかの発言を試みるものでないことは、あらかじめ述べておかなければならないだろう。

この分野の研究としては、主として田中健夫氏、村井章介氏、西尾賢隆氏、近年ではとくに伊藤幸司・橋本雄・榎本渉氏らにより研究が進められており、日中両国を往来する禅僧の姿や、外交官としての禅僧の役割などについてはかなり明確化してきた。

本書との関係から言えば、とりわけ田中および西尾両氏が行った次の指摘[12]が注目される。

田中・西尾両氏は、禅僧らのもっていた漢文作成能力や士大夫《したいふ》的教養に注目した。そしてそれらが当時の東アジア外交の舞台では、国書作成などに必須とされた能力であって、彼らが外交官として活躍し得た理由もそこにあったと論じたのである。以上の指摘は、義満の禅宗保護の理由を考える場合にも極めて示唆深いものとなる。

そもそも中世の外交において、禅僧らが果たした役割の大きさというものは、現代に生きる我々の想像を遥かに超えている。今日の外交の舞台では、各国の首脳が一堂に会し、懸案の問題について直接に協議することは決して珍しいことではない。だが当時の状況下で、たとえば、日本国王が直接に中国皇帝と面談するということなどほとんど不可能なことであった。後にも詳しく述べるように、当時、外交はほとんど禅僧らの手に委ねられていたのであり、そのような状況下では、外交の成否も彼らの一挙手一投足に深く結びついていたと言える。その意味からも、両氏の指摘の意義は改めて認識されるべきであろう。

しかしながら、両氏の指摘には全く問題なし、というわけではない。というのは、両氏は、中世に禅僧らがなぜ外交官として活躍し得たのかという問題を、どちらかと言えば結果論的に考察し、先のような指摘を行ったのであった。必ずしも、義満の禅宗保護という視点からの立論ではなかった点に注意すべきである。本書とはこの点で視点を異にする。

両氏の指摘の意義を十分認めた上で、率直な疑問を提示するとすれば、たとえば次のようなものとなる。

義満の時期、それでは、外交事務を担当し得る集団は禅僧集団のみであったのか。換言すれば、彼らを外交の表舞台に引っ張り出したのは、果たして彼らの外交事務能力であったのだろうか、という疑問である。

この問いに対する答えは意外に明瞭である。たとえば、一四〇一年（応永八年）、義満が行った明使派遣を想起すればよい。この時の遣使では、国書の起草を公家の東坊城秀長《ひがしのぼうじょうひでなが》が行い、正使には遁世者《とんぜいもの》の祖阿《そあ》が任ぜられた。禅僧に頼ることなく遣使は行われたのである。とすれば、可能性の問題ではあるが、義満は禅僧らに頼ることなく日明外交を遂行することも十分可能であった。そして、もしそのように考えることができるとすれば、義満の禅僧起用の理由についても、彼らの有した外交事務能力や士大夫的教養にのみ目を向けただけでは、やはり不十分と言わざるを得ないように思われるのである。

ところで、これまでしばしば使用されてきた「外交官としての禅僧」という言葉であるが、これには、将軍（幕府）の決定した外交政策を忠実に実行する官僚集団のイメージがまとわりついている。もちろん彼らがそのような役割を担ったことは事実である。しかしながら、とくに本書の扱う時期に関して言うならば、彼らの担った歴史的役割は決してそれにとどまるものではなかった。この時期彼らは、幕府外交の第一線に参画し、その方向さえ左右し得る立場にあった。外交の方針は彼らのもたらす情報や建言によって決定されていたと言っても過言ではない。その意味で、彼らはまさに「外交ブレーン」、あるいは「外交シェルパ」（現在、サミットなど外交の場で、水面下で交渉を詰めていく各国の実務代表を、登山の介助者になぞらえて呼んだもの[13]）であったと言えるだろう。

本書では、以上のような問題意識のもと、当時の日中関係のなかで禅僧らが果たした歴史的役割について考えてみたい。

その場合、禅宗のもつ次のような特色には、特別な注意を払う必要がある。禅宗では、師から弟子への直接的な教え（面授口《めんじゅく》決《けつ》）を極端に重視する。このため、良くも悪くも門派意識は強化され、師を同じくするグループ（門派）内での禅僧の結束は著しく強いものとなる。日中間の禅僧の交流がとくに活発である時代など、時としてそれは国家の枠を越えることさえあった。本書で扱う時期などがまさにそうである。本書では、禅僧の法系を論ずる場合、日本におけるそれだけでなく、必要に応じて中国におけるそれもあわせて記すことがある。彼らの行動の意味を、以上に述べたように、日中両国にまたがる禅僧のネットワークという視点から考えてみたいと思ったためである。

註

（1）水野恭一郎・中井真孝編『京都浄土宗寺院文書』解題（同朋舎出版、一九八〇年）。

（2）今枝愛真「足利義満の相国寺創建」「禅律方と鹿苑僧録」（『中世禅宗史の研究』所収、東京大学出版会、一九七〇年）。

（3）芳賀幸四郎「足利義政の宗教生活と世界観」（芳賀幸四郎歴史論集Ⅰ『東山文化の研究』上巻所収、思文閣出版、一九八一年復刊）第六章。

（4）辻善之助編『空華日用工夫略集』（太洋社、一九三九年）康暦二年一一月一五日条および永徳元年一一月二八日条。

（5）『翰林葫蘆集』巻一四（『五山文学全集』第四巻、裳華房書店、一九一五年）「鹿苑院殿百年忌陞座」散説。

（6）前掲、芳賀幸四郎「足利義政の宗教生活と世界観」（『東山文化の研究』上巻所収）第六章。

（7）富田正弘「室町時代における祈禱と公武統一政権」（『中世日本の歴史像』所収、創元社、一九七八年）、同「室町殿と天皇」（『日本史研究』三一九、一九八九年）、今谷明「足利義満の王権簒奪過程」（『日本中世政治社会の研究』所収、続群書類従完成会、一九九一年）。

（8）この点については大田壮一郎「足利義満の宗教空間」（『ZEAMI』四、森話社、二〇〇七年）の批判がある。

（9）冨島義幸「相国寺七重塔——安置仏と供養会の空間からみた建立の意義——」（『日本宗教文化史研究』第五巻第一号、二〇〇一年五月）、同「等持寺仏殿と相国寺八講堂——顕密仏教空間としての評価について——」（『仏教芸術』二七三、二〇〇四年）。

（10）玉村竹二「初期妙心寺史の二三の疑点」（『日本禅宗史論集』下巻之二、思文閣出版、一九八一年）。
（11）たとえば、原田正俊『日本中世の禅宗と社会』（吉川弘文館、一九九八年）など。
（12）田中健夫「漢字文化圏のなかの武家政権——外交文書作成者の系譜——」（『思想』七九六、一九九〇年、のち同著『前近代の国際交流と外交文書』再録、吉川弘文館、一九九六年）、西尾賢隆「京都五山の外交的機能」（荒野泰典他編『アジアのなかの日本史』Ⅱ所収、東京大学出版会、一九九二年、のち同著『中世の日中交流と禅宗』再録、吉川弘文館、一九九九年）。
（13）藤田明良「東アジア世界のなかの太平記」（市沢哲編『太平記を読む』所収、吉川弘文館、二〇〇八年）。

第一章　日明国交回復への道

一四〇一年（建文三年・応永八年）、義満は九州の商人肥富《こいつみ》と遁世者祖阿を明に派遣して修好を求め、遣唐使廃止以後途絶えていた日中間の公的な通交を再開した。義満には明皇帝から「日本国王」の号が与えられ、日本は明を中心とする東アジアの冊封《さくほう》体制（後述）に参入することになったのである。それではまず、ここに至るまでの日明国交回復の道程を簡単にたどっておこう。(1)

1　日明交渉の開始

九州南朝勢力との交渉

一三六八年（洪武元年・応安元年）、元の勢力を江南から駆逐した朱元璋（以後、洪武帝）は、応天府（以下、南京）で即位し明を建国すると、直ちに「四夷の君長（安南《ベトナム》・占城《チャンパ》・高麗・日本)」に使節を派遣して朝貢を呼びかけた(「朝貢」とは前近代の中国が強制した外交の形式であって、中国との外交を望む諸外国の国王は、中国国内の諸王が天子に貢ぐように、定められた儀礼に従って貢物を持参しなければならない)。

ちなみに日本では、この年義満が、奇しくも征夷大将軍に就任している。因縁の二人が同じ年に歴史の表舞台に登場することになるのだが、このときの使者は、途中、五島付近で賊に殺害され、日本に到着することはなかった。

翌六九年(洪武二年・応安二年)二月になると、今度は楊載《ようさい》・呉文華《ごぶんか》らの使者が日本国王宛の勅書を携え来日した。

勅書は、明への朝貢および倭寇禁圧を命じる内容であったが、これを受け取ったのは、実は義満の擁する北朝天皇ではなく、当時、大宰府征西府(九州平定のために置かれた南朝方役所)で九州の過半を制圧していた南朝方懐良《かねよし》親王であった。明使は、日本の外交窓口である大宰府を目指して来日してきたのである。

しかしながら、勅書の内容が無礼であるという理由により、懐良親王は一行七名のうち五名を殺害し、残る楊載・呉文華らについては三カ月間の拘留の末に、通交拒否の姿勢を崩すことなく追い帰してしまった。

二度にわたる遣使の失敗にもかかわらず、洪武帝は日本への外交攻勢を緩めることはなかった。翌七〇年（洪武三年・応安三年）三月、三度目の使者趙秩《ちょうちつ》・朱本らが、楊載をともなって来日したのである。

当初、懐良親王は、使者趙秩を元朝の使節趙良弼《ちょうりょうひつ》の子孫と考えた。趙良弼は、モンゴル襲来の前夜、フビライの国書を携え来日した使者である。そのため、遣使派遣の意図にも疑念を抱き、今度もまた使者を斬らせようとした。だが逆に趙秩らに説得されると、翌七一年、僧祖来および九名の僧を、答礼使として明へ派遣することにした。この結果、洪武帝は懐良親王を「日本国王」に封ずることに決定したのである。

　明が九州の地方勢力にすぎない懐良親王を日本国王に選んだ理由は、どのようなものであったのだろう。地理的にも南京から近く、征西府を日本の伝統的な外交の出先機関である大宰府の後身と考えたためとする説(2)や、当時の日本で倭寇問題の解決が期待できそうな勢力としては、北九州地域に実効的支配を及ぼしている征西府以外にはなかったとする説(3)などがある。いずれも首肯できる見解であるが、それとともに洪武帝の得ていた日本についての情報にも関係するのであろう。この頃までの入明者は圧倒的に九州関係の者が多かった。情報もいきおい九州よりにならざるを得なかったであろうし、征西府の動向などはかなり詳細に把握されていたはずである。明が征西府を交渉相手にしたことは、その流れからすれば当然の選択であったとも言える。ともあれ、明の当初の交渉相手が征西府であったことは十分注意しておきたい。

幕府との交渉の開始

以上のような交渉の過程を踏まえ、七二年（洪武五年・応安五年）五月末には、懐良親王を日本国王に授封するための明使が来日した。明州天寧寺の禅僧仲猷祖闡《ちゅうゆうそせん》・南京瓦官寺の天台僧無逸克勤《むいつこくごん》ら一行である。天寧寺は古くから日本とも関係の深い寺院であった。ところで、今回から、使者が僧侶に変わった点には注意しておきたい。それまでの日本からの使者が全て僧侶であり、交渉には僧侶をもってあたらせることが良策と判断した洪武帝が、両僧を使者として選んだのである。ちなみに、この一行には、天寧寺で首座《しゅそ》（衆僧の首位にある僧）・蔵主《ぞうす》（経蔵を管理する僧）をつとめていた椿庭海寿《ちんていかいじゅ》や権中中巽《けんちゅうちゅうそん》など留学禅僧も含まれていた。ところが一行は、到着するや否や、博多の意外な変化に驚かされることになった。

博多は、九州統制のために置かれていた九州探題の長官である今川了俊によってすでに制圧されており、一行が目指した大宰府征西府からは南朝勢力の大幅な後退が始まっていたのである。

このような状況下、到着した明使らは博多の聖福寺に抑留されることとなった。そしてこの抑留中、事態の変化を理解した明使らは交渉の相手をこれまでの懐良親王から北朝・幕府方へ切り替えることにしたのである。

翌七三年、明使一行の上洛が許可されると彼らは早速京に上り、嵯峨の向陽庵に居を構え、幕府との交渉を開始した。明への朝貢使の派遣を促す彼らの交渉は、天龍寺《てんりゅうじ》住持清渓《せいけい》通徹《つうてつ》のとりなしなどもあって、取りあえずは成功のうちに進んだと言える。

ちなみに、この間彼らは日本の禅僧らとも親しく交流している。たとえば、一行が向陽庵に滞在しているとき、大覚門派の東岡希杲《とうこうきこう》が訪れ、自身の撰述になる『諸偈類要』に序・跋文を求めている(4)。

ところで、このような禅僧らの交流に関しては、ここで少し注意を促しておきたいことがある。このような交流が政治的要素を欠いた単なる文化的交流にすぎないということで、外交の範疇から排除してしまう見方である。そのような見方がもしもあるとするならば、それはおそらく正しくない。なぜならば、このような漢詩文を媒介とした交流こそがそもそも「中世外交」の特質であって(5)、それこそ「外交」の一部にほかならないと考えるからである。幕府との政治的交渉の場においても、彼らのこのような交流は大きな影響を与えていたと思われる。この点については、今後の話のなかでも徐々に明らかになっていくだろう。

ともあれ、以上のような経緯のなかで幕府と明との交渉は開始された。だが、その後、義満と明との交渉は、必ずしもスムーズには進まなかった。

コラム1＊寧波天寧寺

杭州湾の南岸東端に位置する寧波は、古来より中国の最も重要な海港のひとつとして繁栄してきた。日本との関係は深く、たとえば遣唐使は同地に上陸し長安を目指し、日宋・日明貿易においても中国側の船の発着所となった。古くは明州と呼ばれ、宋・元の時代には慶元府・慶元路、明代以降は寧波と次々に呼称が改められたが（以下、寧波と呼ぶ）、海上交通拠点としての重要性は変わらず、とくに北宋時代の九九九年（咸平二年）以降、市舶司という海上貿易管理の役所が設置されると、日本・高麗と中国の間を行き来する船の発着地は、ほぼ全てここ寧波に一元化されることとなった（榎本渉「明州市舶司と東シナ海域」『東アジア海域と日中交流』所収）。

このような経緯もあって、日中を往来する人々の間ではとくに馴染みの地であったのだが、南宋時代以降、江南に禅宗五山制度が確立すると、同地を訪れる日本禅僧の数が飛躍的に増大した。

寧波近郊の禅寺のなかでも彼らがとくに多く参集した寺院は、天童寺、阿育王寺、天寧寺などの諸寺であるが、ここでは室町期の日本と関係が深く、これまで採り上げられることの少なかった天寧寺について、村井章介氏の最新の論文（「明州天寧寺探索」『日本歴史』六二八）などを参考にしながら見てみよう。

図3　寧波三江口（著者撮影）

天寧寺は、唐代の八五一年（大中五年）に建立され、はじめ国寧寺と呼ばれていたが、一一一二年（政和二年）に天寧万寿寺《まんじゅじ》、その後、天寧報恩寺と改められ、明代の一三八二年（洪武一五年）、さらに天寧禅寺と改められた（『嘉靖寧波府誌』巻一八）。

日本との交流の歴史は古く、わが国にもその事実を示すいくつかの遺品が存在する。滋賀県大津市坂本の西教寺および京都市内の日蓮宗寺院要法寺に所蔵されている「両巻疏知礼記」上巻および「観音玄疏記」の奥書は、同寺が「国寧寺」と呼ばれていた時代の交流の状況を語る史料として貴重である。これら奥書によると、一〇二二年（乾興元年）、入宋中であった延暦寺の僧覚因は国寧寺の東北の角にある上限房という部屋で先の書を書写した。その後同書は日本へ輸入されたようで、一一一六年（永久四年）に筑前国博多津の

図４　天寧寺西塔（著者撮影）

「唐房大山船襲《きょう》三郎船頭」の房において再度書写されたのち、西教寺本については、さらに比叡山へもたらされたことがわかる。

寧波が天台山参詣の上陸地であったこと、延暦寺僧による書写であったこと、さらに経典の内容等々から推測して、この時期の天寧寺はおそらく天台系の寺院で、天台山へ参詣する僧らで賑わう寺院であったと推測される。

元代の天寧寺の状況としては、『日本一鑑』（「窮河話海」巻七使館）が参考になる。同書によれば、天寧寺は来航する日本商人の宿舎にあてられていたが、商人らを馭《ぎょ》す策がなく、ついに火災に遭ってしまったと記されている（小葉田淳『中世日支通交貿易史の研究』二八四頁）。元代寧波の地方史である『延祐四明志』『至正四明続志』などによれば、これは一三〇九年（至大二年）の事件を指しているようで、貿易に来ていた「島夷（倭人）」が、現地官吏との衝突から城中に放火するという事件であったようだ（榎本渉「元朝の倭船対策と日元貿易」同氏前掲書所収）。

天台系の色彩の強かった天寧寺が禅寺としての性格を強めたのも、おそらくこの頃のことであろう。先にも述べたように、この頃、寺名が天寧「禅」寺に改められたのも、そのような状況に対応したものであったのだろう。そしてこの頃から、同寺住持の肩書きを有する禅僧の来日が、史料上にも登場するようになる。いくつか紹介しておこう。

まず、元代の事例から。元僧東陵永璵《とうりんえいよ》は一三五一年（観応二年）に来日するが、来日の直前には天寧寺住持であった。また日本僧寰中元志《かんちゅうげんし》は一三六六年（至正二六年）の春頃に渡元するが、中国では同寺の楚《そ》石梵琦《せきぼんき》の会下に参じている（『新編相模国風土記稿』巻一〇、榎本渉「元末内乱期の日元交通」同氏前掲書所収）。明代に入ると事例はさらに増える。一三七二年（応安五年）洪武帝の命により使僧仲猷祖闡らが来日するが、彼の肩書きは明州天寧寺住持であった。またこのとき一緒に帰国した日本僧椿庭海寿・権中中巽らも同寺の首座・蔵主をつとめていた。さらに一四〇二年（応永九年）、国交回復後初の来日使僧となった天倫道彝《てんりんどうい》も、これまた天寧寺住持であった。

このように、国交回復以前の時期から、日明を往来する禅僧らの間では同寺は広く知られていたのであるが、交流が本格化するとさらに拍車がかかった。遣明使ら一行にとっては、とりわけ馴染み深い寺院になったようである。たとえば、第一一次の遣明使である東《とう》

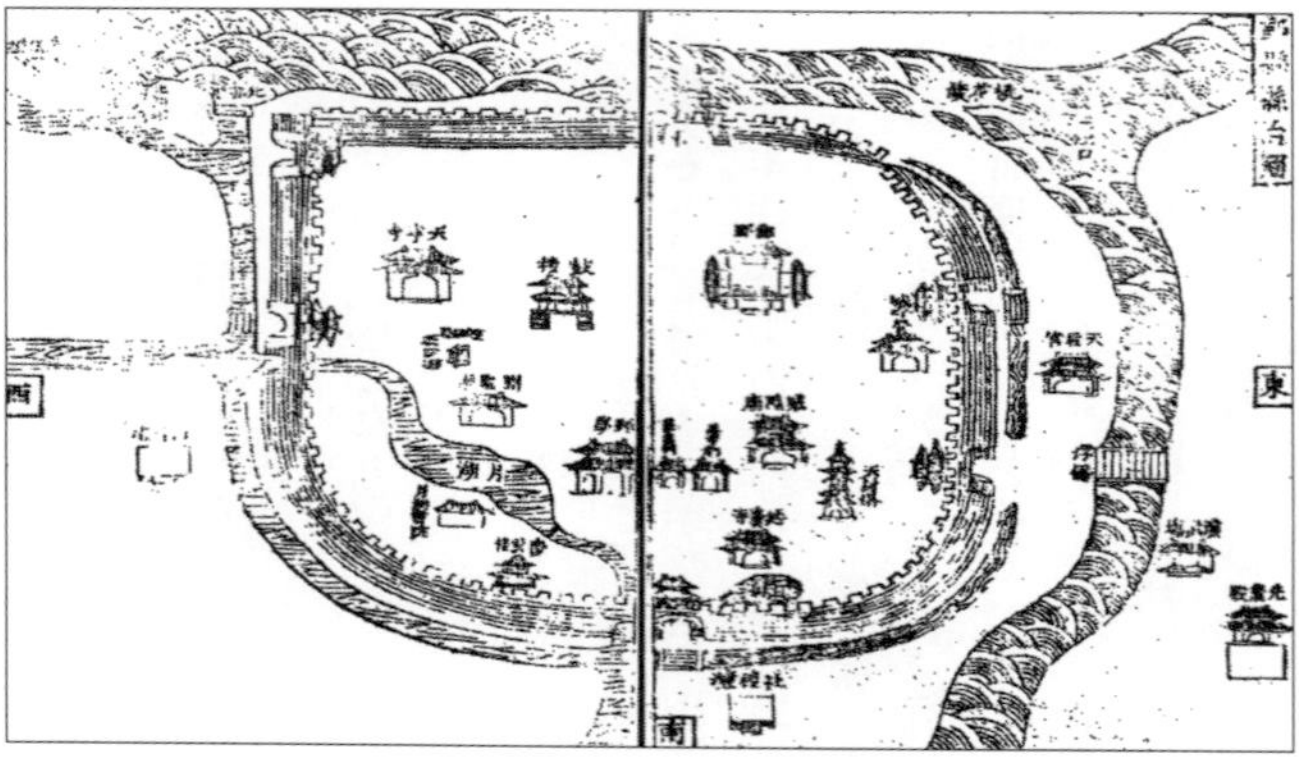

図5　「鄞県県治図」（『雍正寧波府誌』巻１、1741年刊）

洋允澎《よういんぼう》一行の寧波における宿所には同寺があてられており（『籌海図編《ちゅうかいずへん》』巻二）、また第一八・一九次遣明使であった策彦周良《さくげんしゅうりょう》一行は、寧波滞在中、たびたび同寺に参詣している（牧田諦亮「策彦入明記にあらわれた明仏教」『策彦入明記の研究』下巻）。

以上のような歴史をもつ天寧寺であるが、現在、浙江省の寧波市には同寺の遺跡が現存している。同市の東西のメインストリートである中山西路に面し、鼓楼からはやや西に位置する場所に、八六三年（咸通《かんつう》四年）の造立銘をもつ仏教遺跡「咸通塔」があり、寧波市人民政府による「重修天寧寺西塔碑記」によれば、これは唐代咸通年間（八六〇～八七三）に天寧寺前に造立された東西両塔のうちの西塔にあたるものであるという。天寧寺や東塔は現存せず、西塔を残すのみであるが、「江南地区では極めて珍しい唐代の方形磚塔《せんとう》」の遺跡であると記されている。ちなみに、一七四一年（乾隆六年）に刊行された『寧波府誌』巻一「鄞《ぎん》県県治図」を参照すると、鼓楼の西に天寧寺が描かれており、これは現在の咸通塔の位置と一致する。

ところで、明代初期の市舶司の位置については明らかでないが、一四〇六年（永楽四年）以降は天寧寺近辺に移建され、「安遠駅」が併設された。安遠駅は日本からの使節の接待施設であり、使節は駅内の「嘉宝館」に宿泊していたと言うから、天寧寺の近辺は日本人で賑わう地域であったのだろう。ちなみに、「嘉宝館」は、のち一五二七年（嘉靖六年）に、城内東南、境清寺の故地（天封塔の東側近辺）に移転されたため（『嘉靖寧波府誌』巻八公署）、先に紹介した策彦周良一行が滞在した「嘉宝館」はそちらの方であっただろう。

2　義満の遣使

義満の使節になった禅僧たち

義満は、国交回復が実現した一四〇一年（建文三年・応永八年）の遣使以前に、少なくとも二回の使節を明に派遣している。しかしながら、それらはいずれも成功していない。

義満の最初の遣使は一三七四年（洪武七年・応安七年）に行われた。帰国する仲猷祖闡・

表1 使節となった僧侶

入明年次	使節	所属門派
一三七四年	聞渓円宣 子建浄業 喜春	大慧派（中巌円月《ちゅうがんえんげつ》法弟《ほってい》） 大慧派（中巌円月法嗣） 不明
一三八〇年	明悟 法助	不明 不明
一四〇一年	祖阿 肥富	遁世者 博多商人
一四〇三年	堅中圭密	仏光派（璣《き》叟圭璇《そうけいせん》法嗣）
一四〇四年	明室梵亮《めいしつぼんりょう》	夢窓派（龍湫周澤《りゅうしゅうしゅうたく》法嗣）
一四〇五年	不明	不明
一四〇七年	堅中圭密	仏光派（璣叟圭璇法嗣）
一四〇八年	堅中圭密	仏光派（璣叟圭璇法嗣）

無逸克勤ら明使に同行して遣わされたもので、聞渓円宣、子建浄業、喜春らの禅僧が派遣された。

第一回遣使に選任された禅僧らについては多少注意が必要である。喜春は、夢窓疎石を祖とする門派である夢窓派（巻末「関係法系図4」、以下同）の大喜法忻《だいきほうきん》の法嗣《はっす》（弟子）と推測する説もあるが、(6)詳細は不明である。一方、聞渓円宣、子建浄業は、帰国する明使仲猷祖闡と同様、大慧宗杲《だいえそうこう》を祖とする門派、いわゆる大慧派（「関係法系図2」）に属する禅僧であった。中巌円月の法弟（弟弟子）および法嗣である。後述するように、この頃明朝では、洪武帝からの信任を得た大慧派禅僧が絶大な勢力を確保しつつあった。義満の人選は、そのような状況に配慮したものであったと言える。次のような事実から、そのことを窺うことができる。

使節の一人聞渓円宣は、明からの帰国に際して、大慧派の契中玄理《けいちゆうげんり》から同門の中巌円月に贈る二首の詩偈を託された。(7)また子建浄業は、南京の天界寺において大慧派住持の季潭《きたん》宗泐《そうろく》（笑隠大訢《しょういんだいきん》法嗣）から、渡明途中に亡くなった一〇名の同行僧侶に対する追薦仏事を行ってもらっている。(8)天界寺は、当時、仏教の統制機関である善世院が設置されていた禅寺である（後述）。善世院は、のちに再編強化されて僧録司制度へと発展するが、季潭はその僧録司制度のもとで（右）善世（僧録司最高位の職）という重責を担った僧であり、洪武帝からの信任はとくに厚かった。使節一員として渡明した無初徳始などは、この季潭宗泐に参じて法を嗣ぎ、日本へ帰国することなく明国で生涯を終えている。(9)これらの事実は、明国において使節一行が洪武帝の信任厚い大慧派禅僧らと密接な交流をもったことを示すものであって、それは義満のねらい（大慧派僧を媒介に明とのコネクション形成を図る）と軌を一にするものであった。義満は最初の遣使時から、中国禅宗界の動向に敏感であったことがわかる。

しかしながら、結果的にはこの使節は退けられている（『明実録』洪武七年六月一日条）。持参した外交文書が「中書省」宛の「国臣の書」にすぎず、正式の外交文書「表文」を携帯していないという理由によるものであった。その後、一三八〇年（洪武一三年・康暦二年）九月にも、義満は僧明悟・法助らを派遣し、再び貢物を献じたが、これも同様の理由から（「丞相《じようしよう》に奉る書」を持参したため）拒否された（『明実録』洪武一三年九月七日条）。

東アジアの国際秩序

明側の二度にわたる拒否の理由を理解するためには、当時の東アジアの国際秩序についての理解が必要である。一般に、これは、「冊封体制」という概念で説明されている。

冊封《さくほう》体制とは、基本的には、中国皇帝と周辺諸民族の首長との間で官爵（官職・爵位）を媒介として結ばれた政治的、君臣的な関係を表現した語である。が、それだけではなく、広くは中国皇帝に対する朝貢とそれに対する頒賜《はんし》・回賜《かいし》（朝貢品のお返し）の関係までを含めた秩序構造であるとされている。そしてその国際秩序のなかで、諸外国の国王が中国皇帝に贈る正式の外交文書が「表文」であったのだが、義満の使者は、二度ともこの「表文」をもっていなかった。このため、中国皇帝から退けられたのである。

だがそうは言っても、この時期の日本僧の入明は、比較的まだ自由であったようである。一三七四年（洪武七年・応安七年）、先に述べた義満の遣使と同年のことであるが、日本僧宗嶽ら七一名が金陵《きんりょう》に到着した。もちろんこれも正式な遣使ではない。だが、洪武帝は「中華を慕って来た」ということで、彼らを南京天界寺に入れ、各々布一疋を下賜して僧衣にさせている（『明実録』洪武七年乙卯条）。

また、日本国高宮山報恩禅寺の霊枢《れいすう》という僧が、これより先に下賜された袈裟の礼を述べるため、弟子霊照《れいしょう》を遣わし、馬一匹を貢じて来た。これに対しても、霊枢に衣履および文綺帛各々二疋を、霊照に銭一万・文綺帛各々一疋・僧衣一襲を下賜し、帰国させている（『明実録』洪武七年乙卯条）。この時期、僧の入明については黙認という状況だったのだろう。なお、霊照・霊枢については、その系字「霊」から考えて、「大鑑派（清拙正澄《せいせつしょうちょう》祖）」の僧と推定し、豊後の大友氏による遣使ではなかったかとする説もある[10]。

義満外交の特色

さて、話を義満の遣使にもどそう。それでは、義満は、何故、二度も同じ誤りを繰り返したのであろうか。その理由を、もしも国際秩序に対する彼の知識の欠如、というふうに考えるとするならば、それは必ずしもあたらない。なぜならば、次のような事実があるからである。

一三九二年（明徳三年）、即位したばかりの朝鮮の太祖李成桂は、僧覚鎚《かくつい》を日本に派遣し、幕府に倭寇禁圧を要求してきた。義満は、この要求に対して、相国寺の絶海中津に命じて次のような返書をさせている。『善隣国宝記』に原文が残されているが、ここでは田中健夫氏による次の読み下し文(11)を掲載しておこう。

日本国相国承天禅寺住持沙門某、端粛《たんしゆく》して高麗国門下府の諸相国閣下に復し奉る。仲冬のはじめ、貴国の僧覚鎚来り、諸相国の命を将《もつ》て、書を我が征夷大将軍府に達し、諭するに海寇未だ息《や》まず、（中略）今将《まさ》に申《かさ》ねて鎮西の守臣に命じ、賊船を禁遏《きんあつ》し、俘虜を放還せんとす。必ず当《まさ》に両国の隣好を備え、永く二天の歓心を結ぶべし。実に願う所なり。然れども我が国の将臣は古より彊外《きようがい》通問の事無し。是れを以て直ちに来教に答うること克《あた》わず。仍りて釈氏某に命じて、代書して敬を致さしむ。礼を慢《みだり》にするには非ざるなり。今臣僧寿允《じゆいん》を遣わし、細に情実を陳べしむ。乞う、僉察《けんさつ》せよ。不宣。

明徳三年壬申十二月廿七日

文書の宛先は、「高麗国門下府の諸相国閣下」になっているが、李成桂の即位は七月であり、覚鎚の来朝時期「仲冬のはじめ（十一月）」から考えて、彼らが李氏朝鮮から派遣されたことは明らかである。

ただそれはそれとして、注目すべきは、文書末尾の「然れども我が国の将臣は古より彊外通問の事無し。是れを以て直ちに来教に答うること克わず。仍りて釈氏某に命じて、代書して敬を致さしむ」の文言である。これによれば、義満は、自分は天皇に仕える臣であるので、直接に返書を遣わすことはできないと答えているのである。義満が自らを将臣と位置づけ、外交権の行使は自己の権限の外にある、と認識していたことがよくわかる。

当時の東アジアの国際秩序に対する理解としては、義満のこの認識は全く正しいものであって、彼がこのような正確な認識をもっていたことから考えても、先の二度にわたる「表文」なしの遣使が、国際秩序に対する彼の無知から生じたと推測することは無理である。

とすれば、この問題はどのように考えるべきであろうか。義満はおそらく、冊封体制に参入することなく明との通交を行い得る方法を模索していたのではなかったか。それは、たとえば、天皇の外交権のもとで大臣たちが外交活動を行う「大臣外交」(12)と呼ばれる形態のものであったかもしれないし、あるいは、橋本雄氏が主張するように、(13)七〜八世紀の「大臣外交」に淵源をもち、系譜的には一〇世紀以来諸権門により行われた「権門外交」に連なるものであった、と考えるべきなのかもしれない。少なくともこの時期の義満は、天皇の外交権に抵触しないかたちでの日明通交を意図していたと考えることが妥当である。

さて、次の三度目の遣使は、その後かなりの間を置いてなされた。一四〇一年(建文三年・応永八年)のことで、日明の国交回復の契機となった著名な派遣である。ちなみに、『大日本史料』などには、応永四年の義満による遣明使派遣の記事が掲載されているが、これは史料の誤記に起因する誤りであることが、すでに明らかにされている。(14)

義満の三度目の派遣がこのように遅れた理由として、一三八〇年(洪武一三年・康暦二年)に発覚し、日明両国に大きな影響を及ぼした、いわゆる胡惟庸《こいよう》・林賢《りんけん》の謀反事件というものがある。これについて少し説明しておこう。

3　胡惟庸・林賢の謀反事件

事件のあらまし

一三八〇年（洪武一三年・康暦二年）、明朝において、当時中書省左丞相（首相に相当）にあった胡惟庸が、謀反を企てたとの理由により処刑されるという事件が起こった。ところが意外にも、この事件の余波は明国内だけにとどまらず、日本へも及ぶことになった。日本国王が事件に荷担していたということが発覚し、日明間の国際問題へと発展したのである。

『明史』日本伝・『御製大誥』三編[15]などの史料によれば、事件の経緯は次のようなものであった。

事件発覚の前、中書省左丞相の胡惟庸は日本と共謀し謀反を企てた。まず寧波で倭寇鎮圧にあたっていた衛指揮官（明の軍事組織、寧波府「衛所」の長官）の林賢と共謀し、彼の罪科を上奏して日本へ流謫した。これが一三七六年（洪武九年・永和二年）の頃のことである。林賢は九州の南朝方と連携を強めたが、一方の胡惟庸は、一三七九年（洪武一二年・康暦元年）頃に、林賢の復職を上奏して彼を呼び戻し、あわせて「日本国王」への助兵を要請した。一三八一年（洪武一四年・永徳元年）、「日本国王」は如瑤蔵主《じようぞうす》を正使として「精兵の倭人の帯甲せる者四百余名」を入貢と称し入明させた。このとき正使となった如瑤については、『異国使僧小録』に関連の記載がある。同書では、「菊池家譜録」によりながら、如瑤を大宰府懐良親王の養子泰成王が派遣した僧であったと記している。ただこの説に対しては、当該期の大宰府はすでに北朝勢の支配下にあり、「菊池家譜録」の詳細も不明であるため、これを疑問視する説(16)や、北朝の仕立てた偽使ではないかと見る説(17)もある。取りあえずは、『異国使僧小録』の説に従っておこう。

ともあれ、日本国王の派遣した兵士らが明に到着したとき、胡惟庸はすでに誅されており、派遣された兵士らは捕らえられ遠く雲南の地へと送られることになった。ちなみに、これらの兵士に混じって多くの日本の禅僧らも捕らえられ、ともに雲南へ送られたようである（第四章第四節）。その後一三八六年（洪武一九年・至徳三年）には林賢の企てが全て露見し、洪武帝はついに日本との断交を決意するに至った。

禅宗史から見た事件の背景

以上が事件のあらましである。胡惟庸と林賢が日本と通謀したという点については、諸説林立の状態である。おおむねこれを歴史的事実とする日本史研究者(18)に対し、東洋史研究者の間では否定的見解が多い。檀上寛氏は、この謀反事件は洪武帝が中書省（中央官庁）を廃止し君主独裁体制の強化を目指すなかで、とくに日明間の国交断絶を正当化するために仕組んだ捏造事件であったとする。[19]一方、禅宗研究者の西尾賢隆氏は、この事件を、「太祖（洪武帝、筆者注）は、倭寇の解決能力がなく、日本国王としての実態のない懐良親王との関係を絶つために、一連の胡惟庸事件に事寄せ国交を絶ったものといえる[20]」と、明側が外交の相手を九州南朝方から幕府へシフトする契機になった事件であったと評価している。

いずれも傾聴すべき指摘であり、今後の研究がまたれるところであるが、この事件により、少なくとも皇帝独裁の体制が進み、日本との国交断絶の方策が採られたことだけは間違いないようである。

ところで、禅宗史の側からこの事件を見た場合、さらにひとつの新しい論点を付け加えることができるように思われる。この事件に連座して、禅僧の見心来復《けんしんらいふく》や季潭宗泐、[21]また天台僧一初守仁《いっしょしゅじん》や徳祥止庵《とくしょうしあん》（平山處林《へいざんしょりん》法嗣）などが連座し、処罰されたことがわかるからである。見心来復や季潭宗泐の処罰については、これまでにまま論ぜられることがあったが、一初や徳祥の連座についてはほとんど指摘がなかった。[22]しかし、『宋元詩会』[23]「守仁」によれば、

字一初、稗史に載す、銭塘僧徳祥（徳祥止庵）とともに皆明初に召され、未だ幾ばくもならずして、倶に禍に罹る

とあり、民間の歴史書（稗史）によりながら、彼らが胡惟庸事件に連座し、処罰されたことを記している。

処罰された禅僧らについて見てみよう（「関係法系図1・2・3」）。まず見心来復（松源派南楚《なんそ》師悦《しえつ》法嗣）であるが、彼は、後にも述べるように、僧録司左覚義にも叙せられるなど、当初は季潭などとともに洪武帝に重用されていた。だが胡惟庸の党に通じていたとの罪で投獄されると、一三九一年（洪武二四年・明徳二年）に獄死した。また徳祥止庵は、『浄慈寺《じんずじ》志』巻九などによると、平山處林に法を嗣ぐ破庵《ほあん》派禅僧である。洪武の初め頃、浄慈寺七九世住持となり、僧録司右善世にも任じた僧であったが、胡惟庸事件に連座して、一三九二年（洪武二五年）に獄死した。

一方、季潭宗泐（大慧派笑隠大訢法嗣）であるが、彼の場合は異なっている。事件に連座したのは同様であるが、見心らが獄死したのとは異なり、彼は「惟だ公（季潭）のみ一人宥さるるを得」[24]と、結局赦免されている。

彼らのうち一方は獄死、一方は赦免という、まさに明暗を分ける処分が下された理由は、いったい何だったのだろう。ひとつの視点として次のようなことは考えられるのではないか。

処罰された禅僧の属する門派は松源派および破庵派であり、これは前代以来の勢力である。後述するように、鎌倉時代以降、博多に流入してきた禅宗の主要な門派であって、博多禅寺とは緊密な関係があった。一方、赦された禅僧の所属門派は大慧派である。この門派は、南宋に入る頃に一時勢力を振るったが、南宋末に松源派・破庵派が台頭することにより長い雌伏の期間を余儀なくされ、明朝樹立とともに再び勢力を拡大させてきた勢力である。したがって博多との関係も深いとは言えない。

両派のこのような特色を事件との関わりで考えてみた場合、興味深いものがある。というのは、胡惟庸謀反事件を洪武帝による捏造事件であったとする説や、九州南朝勢力との絶縁に利用されたとする説などを踏まえるならば、第五章第一節で詳しく述べるように、博多を拠点とし、九州南朝勢力とも浅からぬ関係にあった松源派や破庵派禅僧が、粛正対象としてとくに厳しく処罰された、と推測することは可能であるように思われるからである。

ともあれこの事件により、松源派・破庵派の衰退、大慧派の台頭という中国禅宗界における勢力の再編成が急速に進んだことだけは確かであった。

註

（1）村井章介「日明交渉史の序幕」（『アジアのなかの中世日本』所収、校倉書房、一九八八年）。
（2）田中健夫『中世対外関係史』（東京大学出版会、一九七五年）五五頁。
（3）前掲、村井章介「日明交渉史の序幕」（『アジアのなかの中世日本』所収）。
（4）玉村竹二「『諸偈類要』をめぐる諸問題」（『日本禅宗史論集』下巻之一所収、思文閣出版、一九七九年）。
（5）村井章介「漢詩と外交」（『東アジア往還』所収、朝日新聞社、一九九五年）。
（6）玉村竹二「元末名尊宿の日本への招聘」（前掲『日本禅宗史論集』下巻之二所収）。
（7）『東海一漚集』巻六「詩」、佐藤秀孝「入明僧無初徳始の活動とその功績」（『駒沢大学仏教学部研究紀要』五五、一九九七年三月）。
（8）玉村竹二「建仁寺妙喜庵看寮子建浄業小伝」（『日本禅宗史論集』上巻所収、思文閣出版、一九七六年）。
（9）前掲、佐藤秀孝「入明僧無初徳始の活動とその功績」（『駒沢大学仏教学部研究紀要』五五）。
（10）橋本雄「中世の国際交易と博多」（佐藤信・藤田覚編『前近代の日本列島と朝鮮半島』所収、山川出版社、二〇〇七年）。
（11）田中健夫編『善隣国宝記・新訂続善隣国宝記』（集英社、一九九五年）。

(12) 佐藤信「古代の『大臣外交』についての一考察」(村井章介他編『境界の日本史』所収、山川出版社、一九九七年)。
(13) 橋本雄「室町幕府外交の成立と中世王権」(『歴史評論』五八三、一九九八年一一月)。
(14) 村井章介「「応永四年の遣明使」というもの」(『日本歴史』四二五、一九八三年一〇月)。
(15) 佐久間重男「明初の日中関係をめぐる二、三の問題」(『日明関係史の研究』所収、吉川弘文館、一九九二年)に引用。
(16) 伊藤幸司「『異国使僧小録』の研究」(『禅学研究』八〇、二〇〇一年一二月)。
(17) 前掲、橋本雄「室町幕府外交の成立と中世王権」(『歴史評論』五八三)。
(18) 村井章介「日明の政治的連関――一三七六～一三八六――」(『国境を超えて――東アジア海域世界の中世――』所収、校倉書房、一九九七年)、前掲、橋本雄「室町幕府外交の成立と中世王権」(『歴史評論』五八三)など参照。
(19) 檀上寛「明朝成立期の軌跡――洪武朝の疑獄事件と京師問題をめぐって――」(『東洋史研究』三七巻三号、一九七八年、のち『明朝専制支配の史的構造』再録、汲古書院、一九九五年)、同「明初の対日外交と林賢事件」(『史窗』五七、二〇〇〇年三月)。
(20) 西尾賢隆「京都五山の外交的機能」(荒野泰典他編『アジアのなかの日本史』Ⅱ所収、東京大学出版会、一九九二年、のち同著『中世の日中交流と禅宗』再録、吉川弘文館、一九九九年)。
(21) 鄧鋭齢・池田温(訳)「明朝初年出使西域僧宗泐の事蹟補考」(『東方学』八一、一九九一年一月)。
(22) 前掲、鄧鋭齢・池田温(訳)「明朝初年出使西域僧宗泐の事蹟補考」には、わずかながらこの指摘がある。

(23)『宋元詩会』(『文淵閣四庫全書』集部八所収)。

(24)『列朝詩集』閏集巻一(新華書店、一九八九年)、前掲「明朝初年出使西域僧宗泐の事蹟補考」(『東方学』八一)。

第二章　国交樹立

1　国交の樹立

肥富と祖阿

一四〇一年（建文三年・応永八年）、足利義満は准三后の名義で明皇帝へ遣使した。ほぼ二〇年ぶりの遣使である。『康富記』応永八年五月一三日条によれば、国書は東坊城秀長が起草し、世尊寺行俊が清書、使者として遁世者祖阿が選任され、肥富が副えられた。

今回の派遣に際して使者となった祖阿および肥富について述べておこう。まず、肥富であるが、彼については『善隣国宝記』に記載がある。同書によれば、彼は筑紫の商客であって、大明から帰国し義満に両国通信の利を述べ、これにより義満は明に使いを送ることを決定したと記されている。筑紫の商客というのは博多商人のことであろう。橋本氏は彼を密貿易商人と見ている(1)。日明両国を往来する博多商人肥富によって、洪武帝が死去し恵帝（以下、建文帝と称す）が即位したとの明国の報がもたらされ、長く途絶えていた遣使派遣の計画が浮上したと思われる。長沼賢海氏は、この肥富について、安芸の小早川一族中の小泉氏の宛字であろうと推測しているが[2]、とくに根拠は示していない。

ちなみに、山口県宇部市松郷八幡宮には一五四三年（天文一二年）奉納された大般若経が伝来している。同経には多数の紙背文書が残されているが、そのなかに肥富の一族子孫かと推定される人物の名前が散見される。同経を調査した国守進氏によれば、紙背文書中には、一五三五年（天文四年）頃、筑前方面に「肥富惣右衛門尉」という名の人物が登場し、彼は「大内氏の北九州支配、ことに年貢収納等の面で深く関与」しているが、おそらく義満の使者「肥富」の一族子孫であろうと述べている[3]。「筑紫の商客肥富」という表現を想起すれば、氏の推測は蓋然性の高いものとなる。

一方、祖阿についてはほとんど不明である。『吉田家日次記』応永九年八月三日条には「遁世者素阿弥」と記されており、義満に近侍する遁世者であったことがわかる。義満に近侍した遁世者としては、ほかに高野山の西塔再興に活躍した古山珠阿弥陀仏などが著名であるが、彼については博多・大宰府の時衆と関係が深く、高麗貿易を行っていたことなどが明らかにされている[4]。遁世者集団と海外貿易との関わりは今後の重要な研究課題であろう。

祖阿に話をもどそう。東福寺《とうふくじ》の岐陽方秀《きようほうしゅう》の『不二遺稿』中「天倫和上に与ふる書」には、岐陽が祖阿の仲介により、翌一四〇二年に来日した明僧天倫道彝から「岐山」の字説と「不二」の室銘を得たことが述べられている。岐陽のもとに出入する遁世者であったと推測される。

ちなみに、『補庵京華前集』「江山小隠図後に書す」（『五山文学新集』第一巻）の記載を根拠として、このときの遣使に、祖阿らとともに禅僧の仲方中正《ちゅうほうちゅうしょう》（夢窓派曇仲道芳《どんちゅうどうほう》法嗣《はっす》）が渡明したと説く説[5]がある。が、これは時期的に成り立たない。内容に翌年即位するはずの永楽帝との交渉が記載されているからである。次の通りである。

応永辛巳（八年、一四〇一年）、国信使に従い南遊す、蓋し鈞命を奉る也、時に大明永楽の紀元（一四〇三年）也、（中略）天子、老人の書札を善くするを以て、御書院に試し、遂に老人に命じ、永楽通宝四字を書せしめ、之を銅銭に鋳し、相国承天禅寺六字を書せしめ、之を法被に繍《しゅう》せしめ、以てわが国に贈る

結論的に言えば、彼の渡明は、おそらく翌々一四〇三年（応永癸未・一〇年）であったと考えられる。「時に大明永楽の紀元（一四〇三年）也」の文言から考えても、そのように

判断される。「江山小隠図後に書す」は、「応永癸未（一〇年）」とすべき干支を、誤って「応永辛巳（八年）」と記したのであろう。したがって、（果たしてそれが事実であるのか否かは別としても）史料が述べる永楽帝より能筆を見込まれ「永楽通宝」の四字を書き、日本の相国寺に贈る法被に「相国承天禅寺」の六字を執筆したのもそのときのことになる。

ちなみに、この説に関連して、応永八年に渡明した彼は、引き続き一〇年まで在明したとする説もあるが、[6]これも成り立たない。『満済准后日記』永享六年六月五日条には明使接待の旧例を記した部分があり、「この儀、鹿苑院御代、最初応永九年の時、これ在るの由、正蔵主（仲方中正）申し入るの間、御沙汰と云々」とあることによる。この記事から、一四〇二年（応永九年）、義満の明使接見儀式に仲方が関与していることは確かであり、とすれば、この間在明していたとする先の説も成立しないことになる。

禅僧が関与しなかった理由

ところで、今回の明への遣使について注目すべき点のひとつは、使節および国書の作成のいずれにも禅僧が関与していないことである。仲方中正の渡明もこのときではなかった。これは、いったいなぜであろうか。「慣例にとらわれず、タブーとされてきた（明との）正式の国交を開こうとする（義満の）姿勢」[7]の現れと考えることもできるが、それがなぜ、禅僧の非関与という事態に繋がったのかは必ずしも明確ではない。

ここでは、むしろ流動的な中国禅宗界の動向に対して、義満は様子見的観点から禅僧の起用を取りあえず留保したのではないか、と解釈しておこう。胡惟庸・林賢の謀反事件以降、急激に衰退した観のある松源派や破庵派の動向などを風聞するにつけても、禅僧起用の長短について、義満はいまだ慎重にならざるを得ない状況に置かれていたのであろう。

結果的に見れば、前代同様、仏教界における禅宗の隆盛は依然として続いており、また大慧派優位の状況にも変化はなかったと言える。翌年、建文帝が派遣してきた冊封使が大慧派禅僧の天倫道彝であったことからも、そのことは十分推察できる。だが、義満がそのことを知るにはもう少し時間が必要であったようだ。

さて、義満がこのとき建文帝にあてた国書は、「日本准三后道義、書を大明皇帝陛下に上《たてまつ》る」の書き出しで始まる著名なものである。しかしこれも、これまで同様、正式の表文ではなかった。これまでのいきさつからすれば、建文帝にはこれを拒否する十分な理由があったということになる。しかしながら、彼はそうしなかった。否、できなかったと言うべきであろう。当時、明では叔父永楽帝が帝位を狙い画策中であり（靖難の役）、これに対抗するため、建文帝は近隣諸国を味方につけておく必要があったのである。彼はこれを受け入れ、冊封使を派遣してきた。

一四〇二年（応永九年）九月五日、義満は建文帝の詔を北山第に迎え、明の冊封をうけた。遣唐使の廃止以来、実に五世紀ぶりの国交再開であった。

コラム２＊博多時衆と宰府時衆

一遍の死後、真教、智得と三代続いた時衆の系譜は、四代目の継承をめぐって真光・呑海の間で対立が生じた。その結果、呑海は真教以来伝えられてきた相模国（相模原市原当麻）の当麻道場（無量光寺）を去り、新たに藤沢に清浄光寺《しょうじょうこうじ》を開いた。時衆遊行《ゆぎょう》派の誕生である。ちなみに宗派名としての「時宗」の語は一五世紀に現れ近世に確定するが、それ以前は主に教団と信徒の両様の呼称であった「時衆」の語が使用されたので、本書でも「時衆」の語を使用する。

南北朝期に入ると、この遊行派を中心とした時衆は全国的な展開を示す。筑前国においても主として三カ所の時衆拠点が形成された。まず一つめは博多称名寺（土居道場）を中心とした博多時衆、次に大宰府の、いわゆる宰府《さいふ》時衆《じしゅう》、三つめが遠賀郡芦屋金台寺の芦屋時衆である。ここでは、とくに博多時衆と宰府時衆について述べておこう。

博多の時衆寺院称名寺（はじめ下川端町にあり土居道場とも呼ばれたが、大正八年に東区馬出《まいだし》に移転）は、一二七八年（弘安元年）に一遍智真が開創したとの所伝をもつが（同寺書上)、確たる史料に基づいたものではない。『筑前国続風土記』(巻四)などには、一三二〇年(元応二年)称阿・名阿父子が檀越となり乗阿を開山として開創され、藤沢清浄光寺の遊行上人が諸国を遍歴するとき、当国においてはこの寺に滞在したと記されている。

南北朝期の博多時衆関係の遺物資料としては、次の二つが残されている。ひとつは、博多冷泉町にある一三四五年(康永四年)の大乗院跡の地蔵菩薩板碑である。大乗院は奈良西大寺末の真言律宗の寺院であり、板碑も同寺信者の地蔵信仰を背景に建立されたものであったと考えられ、銘文の地蔵講衆中に称名寺関係の時衆と考えられる「阿」号(「〜阿」など時衆信者の使用する法名)を名乗る者の名が記されている。今ひとつは、広島県厳島神社に伝存する一三六六年(正平二一年)の釣灯籠である。銘文から、厳島信仰で結ばれた博多講衆が寄進したものであることが判明するが、講衆のなかにはこれまた時衆の名(向阿・然阿・楽阿)が見える。海上守護神への信仰であることからすれば、おそらく海運と交易に従う博多時衆であったのだろう(川添昭二「南北朝期博多文化の展開と対外関係」『地域における国際化の歴史的展開に関する総合研究』所収)。対外貿易の分野を視野に入れて考えるべき問題である。

次に大宰府時衆は、宰府時衆と呼ばれることが多いが、本拠となった寺院は明らかではない。一七二一年(享保六年)に筆写され、京都七条金光寺に納置された「遊行派末寺帳」の筑前の項には「金光寺宰府」と記載があり、大宰府に遊行派末寺の金光寺が存在していたことがわかる。現在、太宰府市観世団地の西北に旧字名を今光寺と伝える場所がある。近年の発掘により、金光寺跡と推定される礎石群や一三世紀後半から一六世紀前半にわたる礎石建物六棟が発掘された（『太宰府市史』考古編七八四頁以下）。観世音寺四九院のひとつと推定されているが、「応永四（一三九七年）の暦　□阿弥陀仏　仲秋の下旬」の銘文をもつ宝篋印塔台座も出土しており、時衆寺院金光寺との関係も注目される（渡辺文吉「大宰府「推定金光寺跡遺跡」に関しての再考察」『少弐氏と宗氏』一六）。

博多時衆や宰府時衆のなかには、九州探題の今川了俊の文芸活動に関連してその存在がクローズアップされる者もいる。

一三八二年（永徳二年）正月二二日、今川了俊は千句連歌会を興行するが、関連史料などからその場所は天満宮安楽寺であったと推定されている（伊地知鐵男「今川了俊一座の千句、第五百韻の一巻」、同『伊地知鐵男著作集二　連歌・連歌史』）。この連歌会において、文芸を通じた了俊と時衆との深い関わりを読みとることができる。当日の連歌会は了俊一族やその被官人を中心とした興行であったが、その連衆のなかには玖阿・豪阿・来阿・乗阿・覚阿・長阿・笠直阿など時衆の名が多数見えている。このうち乗阿は博多称名寺の僧侶、覚阿は『時衆過去帳』の一三六〇年（延文五年）一一月一一日条に記載される宰府時衆「覚阿弥陀仏」であると考えられている。博多時衆と推定される乗阿・珠阿については、関係史料としてさらに名古屋市徳川美術館所蔵『和歌秘抄』奥書がある。同史料によれば、今川了俊は九州へ携えていった文芸関係典籍を天満宮安楽寺の社頭で紛失してしまった。さいわい安楽寺の宮師律師が保管しているので路次静謐の時分に召し上げようと述べているが、史料中に博多時衆と思われる乗阿・珠阿の名が見えており、「九州にてしぜんと御尋有べきために、この草子を土居の御道場（称名寺）に進めるものなり」の文言が記されている。博多・大宰府の時衆僧侶たちは、九州探題今川了俊の側近にあって、その文芸活動を支えていたと考えられるのである（前掲川添昭二「南北朝期博多文化の展開と対外関係」）。

2　冊封使の来日

接待の様子

建文帝より派遣された冊封使は、天寧寺天倫道彝および上天竺寺一庵一如《いちあんいちじょ》の両僧である。天倫道彝は、愚庵智及《ぐあんちきゅう》法嗣の大慧派禅僧で僧録司左覚義、一庵一如は天台僧で右覚義の職にあった。明使のもたらした国書は「爾、日本国王源道義（中略）波濤を越えて遣使来朝す」の文言に始まる著名なもので、国書とともに大統暦がもたらされた。明船が兵庫港に入ると、義満はわざわざ兵庫まで出向き明船を見物している。義満の驚喜の程が察せられる。入洛した一行は法住寺に宿し、九月五日、義満は北山殿において使節を引見した。

橋本雄氏が紹介した新史料、宮内庁書陵部所蔵、壬生家旧蔵本「宋朝僧捧返牒記」によれば(8)、冊封使を迎えた北山への行列次第は、以下のようなものであった。

　路次の儀、先ず通事二人「匹夫正使祖阿等か」、手輿《たごし》に乗る、次に本朝僧二人「相国寺当住大岳和尚（大岳周崇）・建仁寺《けんにんじ》前住大年和尚（大年祥登）、次に唐僧の侍者、牒状を持つ「手輿に乗る」、次に唐僧二人「天倫（天倫道彝）・一菴（一庵一如）」、相対二行す、共に男二人、行者・法師など、錫杖以下の道具を捧げ、各々歩行す、次に唐僧の侍者僧など、手輿に乗る

公卿殿上人は染装束を着て参着し、法服・平袈裟を着した義満は三宝院満済とともに四脚門に出て、彼らを迎えた。明使は国書を頭上に奉じて進み、北山殿寝殿前の高机の上に置くと、義満は焼香三拝したのち、跪いて国書を「御拝見」したのである（『満済准后日記』永享六年五月一二日条）。ちなみに、このとき受封の場に臨んだメンバーも、前掲した史料「宋朝僧捧返牒記」から窺うことができる。橋本氏の研究によれば、次の通りである。

「公　卿」一〇名（今出川公行・二条満元・正親町三条実豊・裏松重光・西園寺実永・花山院忠定・三条公宣・四辻実茂・広橋兼宣・鷲尾隆敦）

「殿上人」一二名（中御門宣俊・三条西実清・山科教興・木造俊泰・勧修寺経豊・正親町三条公頼・万里小路豊房・葉室定顕・月輪尹賢・広橋定光・東坊城長政・五辻教仲）

「僧　中」一〇名（聖護院「僧正道意」・浄土寺「僧正慈弁」・竹中寺「僧正道豪」・勝林院「良雄」・岡崎寺「恒教」・上乗院「僧正道基」・華頂「定助」・毘沙門堂「僧正実円」・三宝院「満済」・石山寺「僧正守快」）

以上のメンバーであった。このように、義満としては最大限の配慮を示した接待であったが、公家の間では、国書の文言が無礼であるとの憤慨もあった。参列した二条満元は彼の日記に「この度の返牒は、書様以ての外なり、これ天下の重事也」（『福照院関白記』応永九年一〇月一日条）と記している。

ところでこれらの史料を通じて指摘すべきことのひとつは、冊封使接待の儀式に、驚くほど禅僧の関与が少なかったことである。橋本雄氏も、「この受封儀礼に参席できた顔ぶれは、通常、北山殿で祈禱・法会を行うときに集まる義満昵懇の公家衆や僧中と変わらず、五山僧や管領・大名・守護などは含まれていなかった」と述べ、受封儀礼をプロパガンダとして内外に喧伝したと見る従来の評価とは異なり、これが「内輪の儀礼」であり、「明朝の賓礼規定と比すれば相当に尊大かつ高慢なものであった」との見解を示している。(9)

儀式が「尊大かつ高慢なもの」であったか否かはしばらく措くとしても、儀式に禅僧の関与が少なかったことは確かである。実際、史料に登場する禅僧としては行列に参加した二人の禅僧、大岳周崇（夢窓派）と大年祥登（大覚派）のみであり、その彼らにしても儀式へ参加した形跡はない。もちろん、表面には現れないが、裏方で活躍した禅僧たち（たとえば、仲方中正など）を想定することは可能である。だが、たとえそのように考えたとしても、この儀式に意外なほど禅僧の関与が少なかった点は、どうしても認めなければならないだろう。

とすれば、それはどのように考えるべきなのだろうか。先に、一四〇一年（応永八年）の遣使について、義満は禅僧の起用を一時留保したのではないかと推定しておいた。様子見的状況を推定したのである。このときの冊封使の接待についても、同様の配慮がなされたと考えてよいかもしれない。ちなみに幕府（義満）は、来日した使僧と（禅）僧らとの交流に厳しい規制を加えていたらしく、岐陽方秀《きょうほうしゅう》は「官の禁は稍《きわ》めて厳しく、僧人の和尚の門に来往することを許さず、只だ徒《いたず》らに仰慕するのみ」（「不二遺稿」下書問「一菴和尚に与える書」『五山文学全集』第三巻）と述べているが、これなども義満の躊躇の表れであったのだろう。禅僧が正面に出ることの長短・是非について、義満としてはいまだ状況分析の段階にあったのではないか。ここでは、取りあえず、そのように解釈しておきたいと思う。

禅僧の起用へ

さて、それでは義満が禅僧の起用を決心したのはいつであったのだろう。史料的にそれを確定することは困難であるが、次の事実は参考になるだろう。明使天倫道彝は、在京中、同じ使節の一庵一如をともない、義満側近の禅僧である絶海中津のもとをしばしば訪れている。[10] 絶海中津は一三六八年（洪武元年）に入明し、在明中に明使の天倫とは同門にあたる中天竺寺の季潭宗泐に師事している。また一三七六年（洪武九年）には洪武帝に召見され、熊野の徐福遺跡について詩の唱和を行った経歴ももっていた。天倫および一庵らは、絶海とは入明時以来の友人であったようで、絶海が洪武帝の詩に唱和したエピソードにも話が及び、御製詩に彼らも次韻して、旧交を温めた。

絶海は彼らとのこのような幾度かの会見を通じて、明国における禅宗盛況の状況を確信するに至ったのであろう。そしてその情報は当然のことながら義満にも伝えられ、翌年の使節派遣にも相応の影響を与えることになったと思われる。これを機に、義満は禅僧の起用をいよいよ決断したと推察されるのである。

3　国交樹立の波紋

永楽帝即位の情報とその波紋

念願の日明国交を樹立した義満は、前述のように、一四〇二年（応永九年）には明からの冊封使を迎え、翌三年には国交回復後最初の遣明使を派遣することとなった。今回の使節派遣が、以後の日明関係に決定的な影響を及ぼす重要な使節であったことは確かであり、準備の段階から万全の注意が払われたと思われる。

ところが、そのとき、予想だにしない情報が飛び込んできた。当の明国において、義満のこれまでの交渉相手であった建文帝が叔父の永楽帝に皇位を奪取され、代わって永楽帝が即位した（靖難の役）、という情報である。

義満の狼狽の程は、察するに余りある。情報が正しいとすれば、建文帝を相手としたこれまでの交渉は水泡に帰し、永楽帝を相手にした新たな交渉が開始されなければならない。その場合、建文帝の冊封をうけた義満の使節を、永楽帝がすんなりと受け入れるか否かは大いに疑問のあるところだが、流動的な明の政治状況下、当面する課題としては、今回の遣明使の携帯する国書の宛先を、建文帝・永楽帝のいずれにすべきかという点であった。

『吉田家日次記』応永一〇年二月一九日条には、この間の切迫した事情が次のように記されている。

抑も異朝の事、種々の説有り、去年の冬ころ大変有り、当帝の叔父退治を致し即位すと云々、但しこの条慥《たしか》なる説を知らず、仍て今度下遣す所の御書、両通用意せらる、この御書、絶海和尚草す、当朝よりまた下さるる御使、天龍寺《てんりゅうじ》住持堅中和尚なり、この長老これがため昨日天龍寺に入院す

これによれば、結局国書は建文帝と永楽帝宛の二通が用意され、現地の状況によりそのいずれかを使用するということで決着がついたらしい。

使節・堅中圭密

使節に選ばれたのは、仏光派禅僧の堅中圭密《けんちゅうけいみつ》である。堅中は慌ただしく天龍寺に入寺し、同寺住持の肩書きを得ているが、これまでの彼の詳しい経歴は不明である。瑞渓周鳳《ずいけいしゅうほう》『善隣国宝記』の按文によれば、これ以前にも入明の経験があり中国語にも通じていたようである。またこの後も三、四度の入明を果たしており、のちにその功により南禅寺七五世住

持となった。

法系は「玉峰妙圭《ぎょくほうみょうけい》―南溟殊鵬《なんめいしゅほう》―璣叟圭璇《きそうけいせん》―堅中圭密」と次第するが、先師らが、九州、とりわけ豊後との関わりが深かった点は注目される。たとえば、玉峰妙圭は豊後大友氏の建立した万寿寺《まんじゅじ》一四世であったし（『峨眉《がび》鴉臭集《あしゅうしゅう》』「玉峰住蔣山万寿」）、南溟殊鵬は大友氏の有力庶家田原貞広の子（『豊鐘善鳴録』巻二）であるなど、豊後との関わりは深かった。堅中は、豊後、あるいは博多などとの関係を保ちながら交易を目的に入明していた九州と関係の深い禅僧ではなかったろうか。ただし玉村氏は、彼が遠江貞永寺（安国寺）の住持であった璣叟圭璇の法を嗣いでいることや、一四〇六年（応永一三年）頃から同国東寺領村櫛庄の庄主《しょうす》（荘園代官に任命された禅僧）をつとめている[11]ことなどを根拠に、遠江の出身者ではなかったかと推定している。[12] 入明ののちには、杭州の上天竺講寺《じょうてんじくこうじ》の前住古春如蘭《じょらん》のもとへ赴き、黄龍《おうりょう》派龍山徳見《りゅうざんとっけん》（寂庵上昭《じゃくあんじょうしょう》法嗣）が依頼していた栄西搭銘の撰文を得てもち帰っている（「洛城東山建仁禅寺開山始祖明庵西公禅師搭銘」『続群書類従』第九輯上、巻二二五）。

現在、相国寺に伝来する永楽帝勅書は、「日本国王正使圭密、副使中立に勅す」の書き出しで始まる書で、一四〇七年（永楽五年・応永一四年）、義満の遣わした遣明使（正使堅中圭密・副使中立）に与えられた勅書である。ちなみに、義満本人に与えた明皇帝の勅書

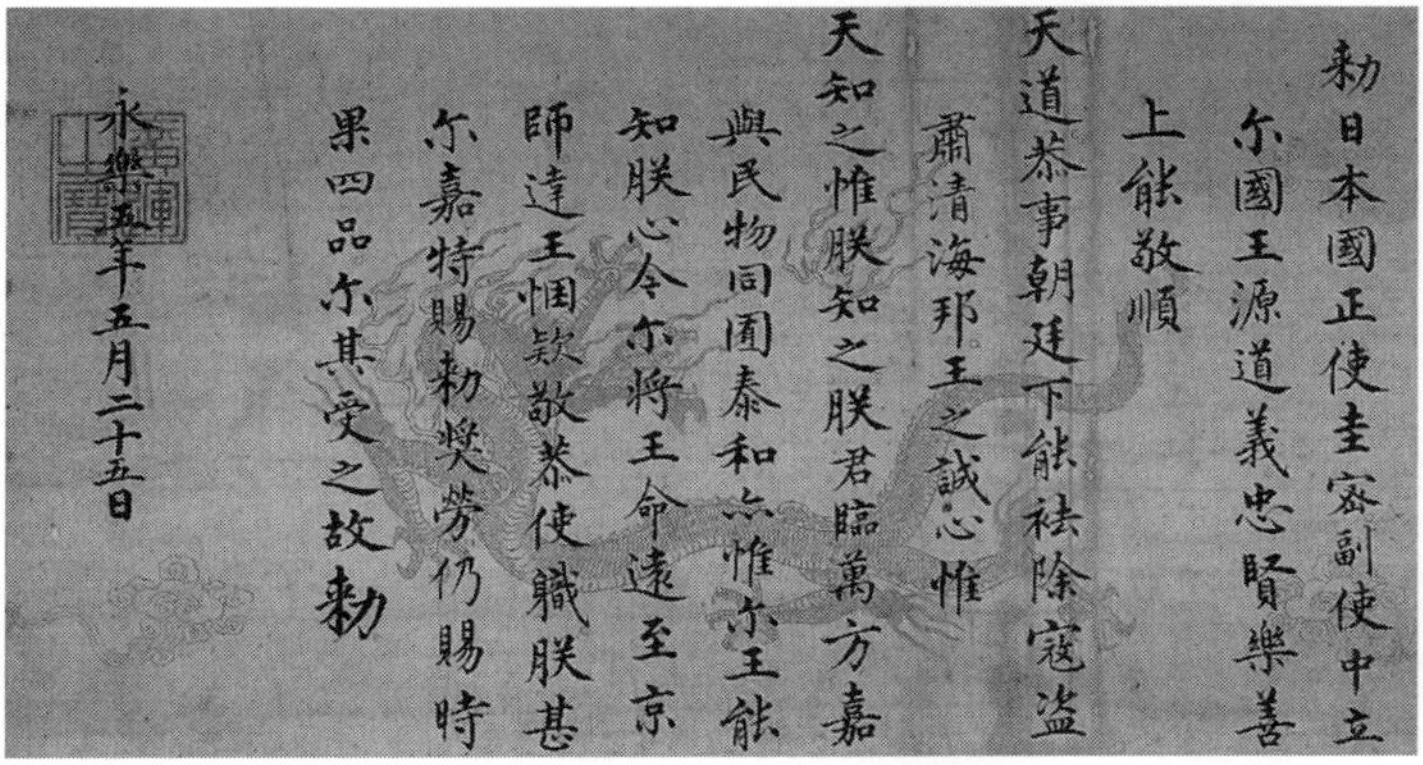
勅日本國正使圭密副使中立
尓國王源道義忠賢樂善
上能敬順
天道恭事朝廷下能祛除寇盜
肅清海邦王之誠心惟
天知之惟朕知之朕君臨萬方嘉
與民物同囿泰和亦惟尓王能
知朕心今尓將王命遠至京
師達王悃款敬恭使職朕甚
尓嘉特賜勅奬勞仍賜時
果四品尓其受之故勅
永樂五年五月二十五日

図6　明世祖（永楽帝）勅書（相国寺蔵）

は失われており、その別幅（下賜品目録）のみが伝来している（徳川黎明会蔵）。料紙の中央には金泥で五爪の龍を描き、年付の上に「広運之宝《こううんのほう》」の朱文方印が押されている。明代の政書である『続文献通考』(13)には、「臣工（群臣）を奨諭するに、之を用いる」とあり、この印文は天子が臣下に与えるものに押す、とされているから、永楽帝は義満およびその使者を臣下と見なしていたことがわかる。(14)一行目・四行目・六行目が上にあげて書かれているのは、「擡頭《たいとう》」と言い、「勅」「天」に対する敬意を表したものである。内容は義満の海賊禁圧に対する褒賞と使節堅中らの来朝をねぎらい、義満への贈り物を託すことを告げたものである。

絶海中津の国書起草

さて、先程の『吉田家日次記』の記事にもどろう。緊迫した状況がリアルに伝わってくる内容であったが、とりわけ興味深い点は、国書の起草者に絶海中津が任ぜられたことである。この事実には十分な注意が必要であろう。というのは、これ以前の段階では、使節の携帯した国書作成の任は紛れもなく公家側が担っていた。前述したように、日明の国交回復をもたらした前回の派遣の際にも、国書の起草は公家の東坊城秀長が行っており、従来の慣例からすれば、今回も起草者は当然のことながら公家側から選ばれるはずであった。

にもかかわらず、これまでの慣例をあえて無視するかたちで、義満が国書起草に絶海中津を任用したのはいったいどのような理由によるのであろうか。

この点について先学は次のような説明を与えてきた。まず、国書の作成には四六駢儷体《べんれいたい》(中国の文体の一種で、対句を多用し極度に技巧をこらした美文)を駆使した高度の漢文作成能力や士大夫的教養が要求されたため、この能力を有した禅僧に白羽の矢が立ったという説[15]。

この説は、禅僧がこれ以後長く国書作成に携わるようになる理由の説明としては一応正しいであろう。しかしながら、当面する時期に限定して考えれば、先にも述べたように国書作成の能力は公家の側にも備わっていたわけであるから、変更の理由としてこの点を強調することはいささか説得力を欠くように思われる。

また、これに類似した説として、当時絶海は僧録の職にあり、国書作成は僧録の職責のひとつであったため、役職上国書の作成を行ったとする説がある[16]。だが、これも、すでに田中博美氏が明らかにしたように[17]、国書の作成は必ずしも僧録の職責ではなく、実際は五山文学の系統や個人の能力によって決定されていた。とすれば、役職云々からの説明も難しい。

さらに近年の説としては、義満の外交政策に対しては公家側に根強い批判があったため、国書の起草に際しても抵抗の少ない禅僧が起用されたのではなかろうかとする説がある[18]。公家側に義満の外交政策や明追従の態度に対して、当時から根強い批判があったことは確かである。

たとえば、公家の一条経嗣《いちじょうつねつぐ》は、応永改元の際、義満が候補中の「興徳」の年号に対し、明年号「洪武」の「洪」の字に改めることを述べたことに対して、

凡そ吾が国は何ぞ異国の法を追用すべけんや、殆《ほとん》ど本朝の恥と謂ふべきか、但言語の覃《およ》ぶ所にあらず、定て珍重の事か（『成恩寺関白経嗣公記』明徳五年七月一日条）

と批判した。

また顕密僧侶や武家の間でも、

故鹿苑院殿御沙汰の事過たる様、其の時分内々道将《(斯波義将)》入道等中候し、愚眼の及ぶ所、又同前候き（『満済准后日記』永享六年五月一二日条）

と、義満の明使接見の態度に対しては斯波義将や満済らも批判的であった。

さらに、外交文書に明の年号を使用することに対しては、禅僧の間でさえ次のような批判があった。

又近時大明に遣わす表の末に彼の国の年号を書くは、或は非ならんか、吾が国の年号は多く『唐書』『玉海』等の書に載す、彼の方博物の君子は、まさに此の国に中古より別に年号有りしを知るべし、然らば則ち義まさに此の国の年号を用うべし、然らずんば、総て年号を書かず、惟だ甲子を書かんか、此れ両国上古年号無き時の例なり（『善隣国宝記』中巻）

明の年号を使用することは不都合であり、日本国の年号を使用すべきであるが、やむを得ない場合、年号を書かず干支だけにすべきであるという意見である。

しかしながら、かりにそのような諸々の批判があったとしても、それにより彼の方針が変更を余儀なくされるということが、現実に起こり得ただろうか。義満にそれを指摘し、彼の外交方針に何らかの変更を迫るような者が存在したと想定することは、実際問題、どうしても無理のようである。

以上のように、あれこれ考えた上で私見を述べれば、これは、義満が打ち出した積極的な禅僧利用策であったように思われる。流動的な状況にある日明関係を、禅僧らの有するネットワークを最大限に利用することにより乗り切ろうとする、義満の思い切った外交政策であったと推察されるのである。

以下、この点について説明する前に、章を改めて、当時の中国仏教界の状況について見ておこう。

註

（1）橋本雄「室町幕府外交の成立と中世王権」（『歴史評論』五八三、一九九八年一一月）。
（2）長沼賢海『日本の海賊』（至文堂、一九五五年）一三五頁。
（3）国守進「戦国期写経の調進および紙背文書の研究――天文十二年松郷八幡宮大般若経について

――」(『山口女子大学研究報告』一一、一九八五年)。
(4) 田中純子「公方遁世者の一類型――古山珠阿弥陀仏をめぐって――」(『洛北史学』三、二〇〇一年六月)。
(5) 小葉田淳『中世日支通交貿易史の研究』(刀江書院、一九六九年)二四頁、玉村竹二『五山禅僧伝記集成』(講談社、一九八三年)「仲方中正」。
(6) 前掲、小葉田淳『中世日支通交貿易史の研究』二四頁。
(7) 村井章介『〈日本の中世一〇〉分裂する王権と社会』(中央公論新社、二〇〇三年)二一六頁。
(8) 橋本雄「室町日本の対外観」(『歴史評論』六九七、二〇〇八年五月)、石田実洋・橋本雄「壬生家旧蔵本『宋朝僧捧返牒記』の基礎的考察」(『古文書研究』六九、二〇一〇年五月)。
(9) 前掲、橋本雄「室町日本の対外観」(『歴史評論』六九七)。
(10) 「和韻謝天寧天倫禅師上竺一菴講師過訪」(『絶海和尚語録』巻下、『大正新修大蔵経』八〇巻所収)、「御製和賜　大明太祖高皇帝」(『蕉堅稿』「七言絶句」、『五山文学全集』第二輯所収)。
(11) 村井章介「東寺領遠江国原田・村櫛両荘の代官請負について」(『静岡県史研究』七、一九九一年三月)。
(12) 前掲、玉村竹二『五山禅僧伝記集成』「堅中圭密」。
(13) 「欽定続文献通考」巻九五「皇帝宝璽」(『文淵閣四庫全書』史部所収)。
(14) 佐藤進一『足利義満』(平凡社、一九九四年)一三八頁。
(15) 田中健夫「漢字文化圏の中の武家政権」(『前近代の国際交流と外交文書』所収、吉川弘文館、一九九六年)、西尾賢隆「京都五山の外交的機能」(荒野泰典他編『アジアのなかの日本史』Ⅱ所収、東京大学出版会、一九九二年、のち同著『中世の日中交流と禅宗』再録、吉川弘文館、一九九九年）など参照。

（16）たとえば中村栄孝『日鮮関係史の研究』上巻（吉川弘文館、一九六五年）など参照。

（17）田中博美「武家外交の成立と五山禅僧の役割」（田中健夫編『日本前近代の国家と対外関係』所収、吉川弘文館、一九八七年）。

（18）前掲、橋本雄「室町幕府外交の成立と中世王権」（『歴史評論』五八三）。

第三章　明朝の禅宗

明は儒教を国教とする儒教国家であったが、国内統治の必要上、仏教に対しても保護と統制を加えていた。その中枢に位置したのが僧録司の組織であった。

僧録司制度の起源は、すでに唐代にある。唐代の元和・長慶年間には、左右僧録を設けて僧尼を統括していたようである。五代と宋朝でもこの制度は受け継がれたが、明代に入ると、以下に述べるように、さらに再編拡充されることになった。そして明代仏教界の僧録司制度のもと、仏教統括の任を負ったのが禅宗であり禅僧たちであったのである。

一三六八年（洪武元年）、明の太祖朱元璋（以下、洪武帝と称す）は元代以来の名刹であった応天府（以下、南京と称す）の天界寺に仏教統制機関として善世院（のち僧録司）を設置し、同寺の住持であった覚源慧曇《かくげんえどん》に統轄を命じた（なお道教については、別に玄教院《げんきょういん》が設置された）。最初にこの点から見てみよう。

1　僧録司制度

覚源慧曇

覚源は笑隠大訢に法を嗣ぐ大慧派禅僧である。[1]『宋学士文集』巻二五「天界善世禅寺第四代覚原禅師遺衣塔銘」によれば、前代の元朝下ですでに名をなしていたらしく、一三四三年（至正三年）には「浄覚妙弁禅師」の尊号を得ていた。洪武帝が南京に本拠を構えるや否や軍営にかけつけ、

（至正）十六年（一三五六年）丙申、王師は建業を定む、師は皇上を轅門に謁す、上は師の気貌の異常なるを見て、嘆じて曰く、これ福徳の僧なり、命じて蔣山太平興国禅寺を主たらしむ

と、いち早く興国寺住持に任命されている。時代の趨勢にかなり敏感な僧であったようである。

その後、一三六八年（洪武元年）には、[2]前述のように天界寺に設置された善世院におい

て仏教統括を命ぜられ、「演梵善世利国崇教大禅師」の号を授けられたが、翌年、病により退任した。翌七〇年（洪武三年）、命により今度は使者として省合剌国《スリランカ》へ出発している。前掲した「塔銘」には、

夏六月、西域に奉使す、四年辛亥の秋七月、省合剌国《スリランカ》に至り、天子の威徳を布宣す、その国の王喜ぶこと甚しく、仏山寺に館せしめ待《もて》なすに師の禮を以てす

とある。だが、その後、ほどなく病が再発したらしく、一三七二年九月、同地にて客死した。同門で南京天界寺の住持であった季潭宗泐は遺衣を南京へ移し、聚宝山雨華台の傍らに塔を建て、これを収めている。

以上の経歴から読み取れるように、明の建国以来、彼は洪武帝の寵愛を一身にうけた禅僧であった。後にも述べるように、明代禅宗界では彼の属した大慧門派が大きな勢力となるが、その端緒をつくった僧であったことに注意しておきたい。

宣政院から善世院へ

ところで、明代の善世院やこれを改編した僧録司は、元代の仏教統制機関である宣政院

制度を踏襲するものであったが、以下の点において、宣政院とは大きく異なる特色があった[3]。それは、明代の善世院・僧録司が、僧侶のみで構成され、かつ仏教統制のための最高機関であった点である。この点、帝師[4]によって統率され、かつ「僧俗併用」の職員で編成されていた元の宣政院とは大きく異なっていたと言える。この点の理解を深めるために、元の宣政院の機能や組織について、ここでもう少し詳しく見ておこう。

『元史』巻八七「百官志三」などによれば、宣政院の前身である総制院が新設されたのは一二六四年（至元元年）のことであり、宣政院は、一二八八年（至元二五年）にこれを改称して誕生した組織である。

宣政院の職掌については、前掲『元史』の記載、「釈教僧徒及び吐蕃《チベット》の境を掌し、之を隷治せしむ」からわかるように、仏教およびチベット関係の任務を処理していた。さらに、一二九一年（至元二八年）からは同院の分署として浙江の杭州に行宣政院《あんせんしんえん》が設置され、江南仏教の管轄は同院が行うことになった（『元史』巻一六「世祖紀」）。

宣政院の地位はかなり特殊であった。元の中央官制は行政・軍事・監察の三権に分立しており、その最高官府を各々中書省・枢密院・御史台と称したが、宣政院はこれらの組織とは切り離されており、皇帝の戒師である帝師に直属していた。これはある面、帝師の統制を強く受ける組織であったとも言える。そしてその職員は、すなわち宣政院を立つ、その使となりて位第二位に居る者は、必ず僧を以て之となし、帝師の辟挙《へききょ》するところに出づ、而してその政を内外に捴《す》ぶるものは、帥臣以下、また必ず僧俗を併用し、軍民を通摂す（『元史』巻二〇二「釈老伝」）

と、原則二名の宣政院使を長官とし、宣政院使のうち下位の者には帝師の推挙する僧をあてることになっていたが、官員は全て「僧俗併用」、つまり俗人を交えることが原則にされていたのである。

このような宣政院制度の特色を禅宗との関係から見れば、次のように言うこともできる。元朝下、宣政院を統轄し仏教界の最上位に君臨していたのは皇帝の戒師である帝師であって、この帝師には皇帝の尊崇したチベット出身のラマ僧が任ぜられていた。このような状況から考えれば、元朝下の禅宗は他の仏教諸派と同様にラマ僧の強い統制下におかれていたと言えるだろう。もちろん例外的な状況として、元代初め頃、禅僧が帝室と結びつき活躍することはあった。海雲印簡などはその好例である。(5)だが、あくまでそれは一時的な現象であって、一般的には以上のように言うことができる。

ところが、明代に入ると状況は一変した。永楽帝の時期、ラマ僧哈立麻《ハリマ》が再び宮中で勢力を振るうということはあったが、一般的状況としては、善世院やこれを改編した僧録司が中国仏教界を統括し、その中枢に位置した禅僧らの権限は、これまでになく強化されることになったのである。ちなみに、明に倣って日本でも、第二代将軍足利義詮から義満の時期に僧録司の制度が成立した。(6) ただ日本の場合、僧録司の統括範囲は禅宗のみ、それも主として五山派禅宗の統括のみを任とした。この点において、明の僧録司とは権限上大きな差があると言える。

以上のような状況下で発足した善世院ではあったが、同院の実態となると、詳細はほとんど不明である。宋濂《そうれん》の「覚初禅師の江心に還るを送り序す」(7) には、

我が皇正位宸極に上るに及び、仏乗を興隆す、善世院を大天界寺に開き、統領・副統・賛教・紀化等の員を置く、海内の諸名山悉く之に隷す、禅行有りて資級に渉る者を掄選《りんせん》し、之をして主と為さしめ、その非才にして冒充《ぼうじゅう》の者は之を斥く

とあるので、職制として統領・副統・賛教・紀化などの職が設置されていたことは判明するが、副統以下の僧名や各職の具体的内容などについてはほとんどわからない。

ただ、龍池清氏が述べたように、(8)「僧侶の非違の取締りや名山大寺の住持の任免等」が

善世院の職掌に含まれていたであろうことは、前掲した史料中に、「禅行有りて資級に渉る者を掄選（選ぶ）し、之をして主と為さしめ、その非才にして冒充（誤った補任）の者は之を斥く」の文言があることからも、ある程度、推測することができる。

ちなみに、この善世院の開設にあたっては、天台僧原璞士璋《げんぼくししょう》の画策が大きかったらしい。『新続高僧伝四集』第五巻「明杭州集慶寺《しゅうけいじ》沙門釈士璋伝」によると、

> 明の洪武にいたり、集慶は席を虚しくす、郡守の李公《李文忠》の請に就きて、教乗を提唱す、いまだいくばくもならずして、中書は旨を被り、浙の東西五府の名刹の住持をして、ことごとく京師に集めて、ともに天界を擘《さ》きて善世院を立て、もって僧衆を統べ、同じくその役を鑑薫せしむ、諸方の耆徳は、皆なすところを知ることとなし、璋はひとり方略をいだし、つぶさに条叙する有り、時に十万の衆は、ことごとく倣いてこれにのっとる（傍点、筆者）

と、原璞の善世院設立時における組織化の奮闘を記している。後述するように、のちに改編される僧録司制度のもとでは禅僧とともに天台僧も一部統括の中心的役割を担うようになるが、その理由もこのような事情と微妙に関係しているのであろう。ちなみに、『釈鑑

稽古略続集』第二巻に依拠し、善世院開設における禅僧「会堂自縁《かいどうじえん》」の画策を推測する龍池氏の説があるが、これは、天台僧「原璞士璋」伝に係る部分の文言を「会堂自縁」伝にかけて理解した結果であり、史料の単純な読み誤りである。

僧録司制度の発足

善世院は、その後、一三八一年（洪武一四年）には、前述のように僧録司（道教については道録司）へと改められた。

僧録司制度については、実態がかなり明確になる。『金陵梵刹志』巻二「欽録集」洪武一四年条によれば、組織として、（左・右）善世、（左・右）闡教、（左・右）講経、（左・右）覚義の職があり、地方の府・州・県に置かれた僧綱司（都綱・副都綱の職を置く）・僧正司（僧正の職を置く）・僧会司（僧会の職を置く）などの職を監督した。

主な職掌内容は、①僧尼の名や人数の調査と名簿の作成、②寺院住持の選定、③度牒の発給、④僧尼の指導・監督などであり、さらに各員の職掌は、左・右善世が「衆僧の坐禅を提督、公案を参悟し、教門の全般を管領」、左・右闡教が「修者の坐禅を監督」、左・右講経が「施主を接納し、経教を研究」、左・右覚義が「諸山の僧侶を簡束し、天界寺の財政を管理する」と定められていた。

元代の宣政院と比較して注目すべき点は次の通りである。まず、僧録司諸官に対して「経典に精通し、戒行端潔」の僧侶を選任すべしと明示されたこと。「僧俗併用」を謳った宣政院とは大きく異なり、僧録司が僧侶のみで編成された組織であったことがわかる。

さらに、宣政院の時期にはいまだ官署的性格が濃厚であったが、この段階になると独立した統括組織としての色彩が強まっている点も特色のひとつである。たとえば、寺院住持の選定や度牒発給などを行う場合、各州・県からの申請に基づき、僧録司が独自に「考試」した上、結果を「礼部に具申し、奏聞の上」、案件の処理や決定がなされる取り決めとなっていた。礼部を通したかたちではあるが、帝師の統括下で案件の処理がなされていた前代宣政院とは様変わりしている点に注目すべきである。

さて、それでは、発足当時の僧録司各僧について簡単に見ておこう。以下の通りである（明代仏教の特色として複数の宗派を併修する「兼修《けんしゅう》」の問題があるが、禅宗五山などの住持経験者は取りあえず禅僧と考える）。

戒資　未詳

季潭宗泐　浙江臨海の人で、俗姓は周氏、全室禅師とも呼ばれる。笑隠大訢の法嗣で大慧門派に属する禅僧。一三六八年（洪武元年）杭州中天竺寺に住し、のち詔により天界寺に住した。一三七八年（洪武一一年）には西域に奉使した。一三八二年（洪武一五年）僧録司右善世に任ぜられたが、胡惟庸の獄に連座。その後、許されて、一三九一年（洪武二四年）に死去。(9)

朗然知輝　関内（陝西省）の人で、俗姓は王氏。法系は不詳だが、洪武帝の勅により天界寺に住していることから禅僧であったと考えられる。(10)

物先仲義　大慧派仲方天倫《ちゅうほうてんりん》に法を嗣ぐ禅僧。(11)

具庵如玘　天台宗絶宗善継《ぜつしゅうぜんけい》に法を嗣ぐ天台僧。別号は太璞、杭州演福寺に住す。一三八五年（洪武一八年）に死去。(12)

一初守仁　天台宗静庵元鎮《じょうあんげんちん》に法を嗣ぐ天台僧。のち胡惟庸の獄に連座して捕らえられた。(13)

見心来復　予章（江西省）豊城の人で、俗姓は王氏、予章来復とも呼ばれる。径山の南楚

表2　僧録司の各僧

左善世	戒資（未詳）	右善世	宗泐（季潭宗泐……禅僧）
左闡教	智輝（朗然知輝《ろうねんちき》……禅僧）	右闡教	仲義（物先仲義《もっせんちゅうぎ》……禅僧）
左講経	玘太朴（具庵如玘《ぐあんにょき》）……天台僧）	右講経	仁一初（一初守仁《いっしょしゅじん》……天台僧）
左覚義	来復（見心来復《けんしんらいふく》……禅僧）	右覚義	宗鬯（芳林宗鬯《ほうりんそうちょう》……禅僧）

師悦の法嗣で松源派に属する禅僧。元末の兵乱を避けて会稽山に入り、定水院に出世した。蘇州大寧寺、杭州霊隠寺《りんにんじ》などに住したが、のち胡惟庸の獄に連座して捕らえられ、一三九一年（洪武二四年）に死去。法嗣に日本の以亨得謙《いこうとっけん》がいる。佐賀県鳥栖市の萬歳寺には見心来復の肖像画があるが、この絵画は、一三六五年（至正二五年）、在元中の以亨得謙（萬歳寺開山）が日本へもち帰るために描かせた肖像画である。(14)

芳林宗罔　浙江臨海の人で、俗姓は毛氏、幻夢と号した。大慧派晦機元熙《まいきげんき》の法嗣で禅僧。(15)

以上、簡単な説明からもわかるように、左右講経の職を除けば、それ以外のほぼ全てを禅僧が占めている。

僧録各員に任じた僧のうち、左善世の戒資については、現在のところほとんど不明である。したがって、禅僧であったのか否かも知ることはできない。ただ、善世の職掌である「衆僧の坐禅の提督、公案の参悟」といった内容から推察すれば、彼もやはり禅僧であった可能性が強い。

左右講経の両名が唯一天台僧であるのは、「経教を研究」するという職掌の内容によるものであろう。経教の研究という職掌は、教外別伝を標榜する禅僧には本質的に不似合いなものであり、そのため教僧である天台僧から選任されたと考えられる。ただ、先にも少し触れたように、善世院の開設に際して天台僧の原璞士璋の画策があったという事情も、僧録司への天台僧起用という事態に微妙に関係しているのかもしれない。

このように、明代初期の善世院やこれに続く僧録司の制度下では、禅僧らが中心的役割を担っていた。[16] その理由として考えられることは、元代以来、仏教諸派のなかで最も優勢であったのが禅宗であったこと、[17] しかも善世院・僧録司の置かれた天界寺が著名な禅寺（五山之上）であって、善世院・僧録司の職に任じた僧は仏教の統制という職務を遂行する一方、天界寺僧として同寺運営の役割も果たしていかなければならなかったためと言われている。[18]

僧録司の変遷

それでは、その後の僧録司の変遷についても簡単に見ておこう。

一三八八年（洪武二一年）二月、僧録司の置かれた天界寺が火災に罹《かか》ると、同機関は一時天禧寺（大報恩寺）へと遷され（『太祖実録』洪武二一年二月条）、また一四二一年（永楽一九年）の北京遷都の後には、はじめ大興隆寺、のち大隆善寺へと遷されることになった。しかしながら、後掲した「僧録司在職を確認し得る僧」の表からもわかるように、講経の職を除いて同職の多くに禅僧が任ぜられたことは、この間、変わりなかった。[19]

とくに、成祖永楽帝の時代には、独庵道衍《どくあんどうえん》のように聖俗両界で権勢を振るう禅僧も出現した。独庵は、永楽帝即位時の戦乱（靖難の役）の事実上の立て役者として「論功第一」の僧と称され、僧録司左善世にも補任された。そして以後は永楽帝に長く近侍し（のちに還俗して姚広孝《ようこうこう》と称するが、蓄髪することなく寺院に居住した）、一四一二年（永楽一〇年）の政界引退の日まで聖俗両界に圧倒的影響を与えながら、一四一八年（永楽一六年）に死去した。

彼の出現により禅僧の地位はさらに強固になったと言えるが、義満の明使派遣が彼のこの権勢の時期とほぼ重なるものであった点にはとくに注意を払っておきたい。ちなみに彼は、日本の禅僧らとも活発な交流を行っているが、この点については後述する。

表3 僧録司在職を確認し得る僧（長谷部幽蹊『明清仏教教団史研究』所載「歴世僧録諸官在職者一覧」、『金陵梵刹志』巻二「欽録集」、井手誠之輔「萬歳寺の見心来復像」などを参考に作成）

一三八四年	洪武一七年	左闡教	行果	天台僧
		右覚義	如錦	
一三八五年	洪武一八年	左講経	具庵如玘（死去）	天台僧
		右覚義	星吉鑑蔵	西蕃僧

一三八六年	洪武一九年	右講経	一初守仁	天台僧
一三八八年	洪武二一年	左善世	竺隠弘道	天台・禅（大慧派）兼修
		右闡教	一庵《いちあん》一如《いちじょ》	天台僧
一三八九年	洪武二二年	左善世	竺隠弘道	天台・禅（大慧派）兼修
一三九〇年	洪武二三年	右善世	季潭宗泐（復職）	禅僧（大慧派）
一三九一年	洪武二四年	右善世	季潭宗泐（死去）	禅僧（大慧派）
一三九二年	洪武二五年	左善世	易道（同庵）夷簡	禅僧（破庵《ほあん》派）
			了達	
			大海会元	
		右善世	啓宗（蓬庵）大佑	天台・禅（大慧派）兼修
一三九三年	洪武二六年	左善世	易道（同庵）夷簡	禅僧（破庵派）
			竺隠弘道	天台・禅（大慧派）兼修
		右講経	逐初（一源）紹宗	
一三九四年	洪武二七年	左覚義	円極居頂	
		右講経	雪軒道成	禅僧（曹洞宗芙蓉派）
一三九五年	洪武二八年	右善世	逐初（一源）紹宗	
一三九六年	洪武二九年	左善世	啓宗（蓬庵）大佑	天台・禅（大慧派）兼修

		右闡教	巽中（牧庵）道謙	天台・禅（大慧派）兼修
		左覚義	定巌（幻居）浄戒	天台・禅（大慧派）兼修
一三九八年	洪武三一年	左善世	啓宗（蓬庵）大佑	天台・禅（大慧派）兼修
一四〇二年	建文四年	左覚義	天倫道彝	禅僧（大慧派）
		右覚義	一庵一如	天台僧
		左講経	定巌（幻居）浄戒	天台・禅（大慧派）兼修
一四〇三年	永楽元年	左善世	独庵（斯道）道衍	禅僧（大慧派）
		右闡教	定巌（幻居）浄戒	天台・禅（大慧派）兼修
		右講経	慶壽恵	
一四〇四年	永楽二年	右闡教	雪軒道成	禅僧（曹洞宗芙蓉派）
一四〇六年	永楽四年	左善世	祖《そ》芳道聯《ほうどうれん》	禅僧（大慧派）
一四〇七年	永楽五年	右闡教	無涯道永	禅僧（楊岐派）
一四〇八年	永楽六年	右覚義	妙乗	
一四一九年	永楽十七年	右善世	雪軒道成	禅僧（曹洞宗芙蓉派）
一四二一年	永楽十九年	左闡教	一庵一如	天台僧
		左覚義	性空思擴	
			棲巌慧進	
		右覚義	無言能義	

コラム3＊僧録の統括範囲

日明両国の僧録司を比較したとき、異なる点のひとつは、明朝の僧録が中国仏教界における仏教諸派全体の統率者であったのに対し、日本のそれは禅宗のみ、それも主として五山派禅宗の統率のみを行っていた点である。理由は色々考えられるが、顕密仏教の勢力の強い日本では、禅宗による仏教界全体の統括など、実際には実現が困難であったのだろう。しかしながら、義満の時期、一時的にではあるが、日本の僧録も顕密仏教統括の志向をもったのではないかと思われる事例がある。この点について少し述べておこう。

次に紹介する史料は、すでに今枝愛真（「禅律方と鹿苑僧録」『中世禅宗史の研究』所収）・松尾剛次（「室町幕府の禅律対策」『勧進と破戒の中世史』所収）両氏によって検討された史料ではあるが、ここで改めて検討してみよう。『東寺文書』（数一〇之一三）中のものである。

東寺御影堂庇指《ひさし》の事、室町殿（義満）に伺い申し候処、聞召され候い了ぬ、宜しく計らい御沙汰有るべきの由、仰せ出され候、御意を得べき哉、恐々敬白

康応元（一三八九年）

八月十一日　　　　　　　　　　中津（絶海中津）（花押）

増長院御坊中

本文書は、東寺御影堂の庇について、東寺の塔頭と考えられる増長院からの申し出を請け、（当時僧録であったと推測される）絶海中津が義満へ「伺い申し」、許可が下りたことを同院に報じたものである。本文書の解釈をめぐっては今枝氏と松尾氏の間で意見の相違がある。絶海中津が僧録の業務として本文書を発給したと解釈する今枝氏に対し、松尾氏は「僧録が禅宗を（統括の）対象としたものであることは明か」との観点から、東寺に関与した案件を扱った本文書は僧録としての職務によるものではないとされた。松尾氏の言うように、日本の僧録は結果的には禅宗のみ、それも主として五山派禅宗の統括のみを行うことになったから、その限りでは氏の主張は正しいであろう。しかし僧録が当初から禅宗のみを統括の対象にしていたと考えることは、果たして正しいのであろうか。この論の根拠になった史料（鹿王院文書「足利義満御内書」『鹿王院文書の研究』所収一七九号）を検討してみよう。

天下僧録禅家の事、殊に仏法紹隆のため申せしむ所なり、早く此の旨をご存知有るべく候、恐惶敬白

康暦元年（一三七九年）十月十日　　右大将（足利義満）（花押）
春屋和尚（春屋妙葩）禅室

本文書は足利義満が春屋妙葩に対し僧録職を補任した時のものである。これにより春屋は最初の僧録となったが、ここに見られる「天下僧録禅家」の意味について、松尾氏は、僧録が禅家（禅宗）を統括する、と理解されているようである。しかしながら、その解釈については疑念なしとしない。というのは、「禅家」の文言が「天下僧録」の尻付けであることからすれば、この部分は、天下僧録には禅家が補任されるという意味に解釈した方が自然のように思われるからである（本文でも述べたように、明の僧録司には禅僧とともに一部天台僧も補任されていた）。この時点での義満は、日本の僧録についても、明同様、仏教諸派全体を統括させる考えをもっていたのかもしれない。そのように考えたとき、「仏法紹隆のため（筆者注—禅宗興隆のためでない点に注意）申せしむ所なり」という文言が生きてくるように思われるのだが、いかがであろう。

コラム4＊南京天界寺

寧波における天寧寺とともに、この時期、日本に深い関わりをもった禅寺として南京の天界寺がある。

天界寺は、一三二八年（天暦元年）、元の文宗が潜宮を改め大龍翔集慶寺としたことに始まる。開山に大慧派禅僧笑隠大訢を迎え、「五山之上」の寺格が与えられた（西尾賢隆「日中の五山之上をめぐって」『中世の日中交流と禅宗』所収）。元の末期、洪武帝が南京を攻略すると、一三五七年（至正一七年）には大天界寺と改められ、笑隠大訢の法嗣覚源慧曇が住持となった。その後、一三六八年（洪武元年）には、善世院（のちに僧録司）も設置されたが、一三八八年（洪武二一年）に焼亡した。同寺は、朝貢使のゲストハウスであった会同館の北側に位置しており（伊藤幸司「南京天界寺の故地」『市史研究　ふくおか』三）、日明を往来する禅僧らの間ではとくになじみ深い禅寺のひとつであった。村井章介氏は、「南京における日明交渉の窓口の役割を担」う寺院であったと評価している（「日明交渉史の序幕」『アジアのなかの中世日本』所収）。

ところで、橋本雄氏は、明代初期に作られた儀礼書『大明集礼』の記載をもとに、外国からの朝貢使節が同寺において「あらかじめ冊封・朝貢の儀礼のスクーリングを受けることになっていた」事実を紹介した（「室町日本の対外観」『歴史評論』六九七）。

同書「賓礼」編には、外国から国王自身が朝貢してきたときの賓礼規定、朝貢使節に対する賓礼規定、帰国した明使に対する賓礼規定などが記されている。それによると、蕃使・蕃客に対しては、「前二日、天界寺において習儀」「礼部、侍儀司・諸執事に告示し、蕃王及び蕃国従官を引き、天界寺において服を具し、習儀三日」「侍儀司、蕃使を引き、天界寺において習儀」などと記されており、朝貢使節らが、朝見以前に、朝貢の儀式次第をあらかじめ天界寺において習得することになっていたことがわかる。

朝貢に際しての外交儀礼の習得が、このように禅寺・禅僧を媒介にして行われていたことも、外交の舞台で禅僧らが存在意義を高めた理由のひとつであったろう。

2　使節としての禅僧

各国へ派遣された禅僧

以上に述べたように、明朝初頭における禅宗勢力の伸張は明確な事実であった。だが、それはただ単に仏教界内部だけにとどまる話ではない。外交の舞台でも同様な傾向を指摘できるのである。

建国当初、彼らの多くは、明皇帝の使節として近隣諸国へ頻繁に派遣されていた。これにより皇帝の権威を背景とした禅僧の権勢の様は、国外へも効果的に喧伝されることになったのである。

『明実録』などにより、僧侶が使節となった事例を少しあげてみよう。[20]

表4　使節となった僧侶

西暦	年号	使節	宗派	派遣国
一三七〇年	洪武三年	仲銘克新《ちゅうめいこくしん》 他三名	禅僧（笑隠大訢の法嗣）	吐蕃《チベット》
一三七〇年	洪武三年	覚源慧曇	禅僧（笑隠大訢の法嗣）	省合刺国《スリランカ》
一三七二年	洪武五年	仲猷祖闡《ちゅうゆうそせん》 無逸克勤	禅僧（元叟行端《げんそうぎょうたん》の法嗣） 天台僧（原璞士璋の法嗣）	日本
一三七八年	洪武一一年	季潭宗泐	禅僧（笑隠大訢の法嗣）	西域
一三八四年	洪武一七年	無《む》隠《いん》智《ち》光《こう》 弟子恵弁	ラマ僧 ラマ僧	尼巴辣《ネパール》
一四〇二年	建文四年（洪武三五年）	天倫道彝 一庵一如	禅僧（愚庵智及の法嗣） 天台僧	日本

これら使節となった各僧について簡単に説明を加えておく。

仲銘克新（禅僧）　大慧派禅僧笑隠大訢の法嗣（『増集続伝灯録』巻五）。一三七〇年（洪武三年）、吐蕃《チベット》へ出発（『明実録』巻五三、洪武三年六月条）。

覚源慧曇（禅僧）　大慧派禅僧笑隠大訢の法嗣。一三六八年（洪武元年）、天界寺に善世院が設置され、初代の統者となる。一三七〇年（洪武三年）、省合剌国《スリランカ》へ出発（既述）。

仲猷祖闡（禅僧）および**無逸克勤**（天台僧）　仲猷祖闡は大慧派禅僧元叟行端の法嗣（『増集続伝灯録』巻四「寧波府天寧仲猷祖闡」）。無逸克勤は天台宗原璞士璋の法嗣（『宋学士文集』翰苑続集巻七、芝園後集巻二）。一三七二年（洪武五年）、日本へ出発（既述）。

季潭宗泐（禅僧）　大慧派禅僧笑隠大訢の法嗣。一三七八年（洪武一一年）、西域へ出発（『明実録』など）。

無隠智光（ラマ僧）および**恵弁**（ラマ僧）　一三八四年（洪武一七年）、尼巴辣《ネパール》へ出発（『補続高僧伝』巻一「明西天国師伝」）。

天倫道彝（禅僧）および**一庵一如**（天台僧）　天倫道彝は明州天寧寺住持で、大慧派禅僧愚庵智及の法嗣。一四〇二年（洪武三五年）、建文帝が足利義満に返書を送る際、天台僧一庵一如とともに使者となる（既述）。

明は日本へ使節を送る場合、多くは僧侶を派遣してきた。これはこれまでにもしばしば

表5　日本へ派遣された使節

一四〇四年	応永一一年	趙居任（左通政）・張洪・（行人）・道成（僧・右闡教）
一四〇五年	応永一二年	不明
一四〇六年	応永一三年	潘賜（鴻臚寺少卿）・王進（中官）・兪士吉（侍郎）
一四〇七年	応永一四年	不明
一四〇九年	応永一六年	周全（中官）
一四一一年	応永一八年	王進（中官）
一四一八年	応永二五年	呂淵（刑部員外郎）
一四一九年	応永二六年	呂淵（刑部員外郎）

指摘のあった点であるが、その理由として、仏教の盛んな日本の状況に明の側がとくに配慮したものであるという説明が一般的であった。そのこと自体はもちろん誤りではない。ただ、明は日本以外にも吐蕃《チベット》、省合剌国《スリランカ》、西域、尼巴辣《ネパール》など、仏教の盛んな地域へは使節として僧侶を派遣しており、その場合とくに禅僧が多かったという点は、十分注意する必要がある。

明側が使節として僧侶を派遣した国には共通した特徴がある。明と正式な朝貢関係をもたず、しかも仏教が盛んな国であったことである。明側の意図からすれば、僧侶の派遣は相手国に対する一種の懐柔策であり、文化的存在に擬される僧侶を通じて朝貢関係の形成や促進を達成しようとする意図があったように思われる。そのことは、たとえば日本の場合、日明間で一旦朝貢関係が成立すると使者が俗官に変化する事実から、逆説的に窺うことができる（表5）。

ともあれ、使節として僧侶を派遣することは、明側の外交上の懐柔策であったと思われ、日明間の交渉過程においても、それは例外ではなかったのである。[21]

3　中国禅宗界の動向

ところで、この時期の日中両国の禅僧の交流の意味についてより深く理解するためには、ここで、当時の中国禅宗界の勢力状況について概観しておく必要があるだろう。[22] 次にこの点について説明を加えておこう。適宜巻末の「関係法系図1・2」も参照いただきたい。

中国禅宗界の勢力変遷

宋代以降、いよいよ隆盛になった禅宗であったが、内部は決して一枚岩的団結を誇る状況にあったのではない。各派はお互いに競合・衝突し、離散・集合の状態を繰り返していたのである。このため、禅宗各派の勢力の伸張には時期的な変化が見られ、それがわが国の禅宗界にも少なからぬ影響を及ぼしていたことは重要である。

ここで、中国禅宗界の勢力の変遷を簡単に見ておくと、北宋時代あたりにまず臨済宗の黄龍《おうりょう》派（派祖黄龍慧南）が台頭してきたが、南宋に入るあたりから、同じ臨済宗でも今度は楊岐派（派祖楊岐方会）の勢力が強まってきた。日本では平安末から鎌倉時代初めにかけての時期にあたる。楊岐派のなかでも、とくに大慧《だいえ》宗杲《そうこう》の門派である大慧派の勢力の伸張が著しかったが、同派の動向は本論と深く関わっており極めて重要であるので、ここで詳説しておく。

玉村竹二氏は、この大慧派は官僚有力者と結合し、「之を背景として他派を制圧したので、之に対抗する虎丘《くきゅう》派の人々が、対抗に敗れて安住の地を失ったのではないか。当時の来朝者（蘭渓道隆《らんけいどうりゅう》・兀庵《ごつたん》普寧《ふねい》・無《む》学祖《がくそ》元《げん》など、筆者注）は、殆どすべてが虎丘派である」と述べ[23]、南宋の時代、大慧派が楊岐派の有力一派であった虎丘派を圧倒したことにより同派の日本への来朝が促進された、との見解を示している。ところが、南宋末（鎌倉時代中期）に至る頃から両者の立場は逆転した。今度は楊岐派のなかの虎丘派が優勢となるにつれて、虎丘派内部での争い、すなわち破庵派および松源派間の争いが激化し、その結果松源派の台頭が始まることになる。両派の社会基盤の特色については、破庵派は四川省出身官僚との結びつきが強いのに対して、松源派は浙江省出身者を中心にその周囲の者が多いと言われている。[24] 地縁的側面から生じた争いでもあったのであろう。この争いの影響は日本へも持ち越され、破庵派の兀庵普寧と松源派の蘭渓道隆との不和、あるいは破庵派をうける仏光派（開祖無学祖元）と松源派をうける大覚派（開祖蘭渓道隆）との対立など、日本禅宗史上でも長く問題となった。[25]

松源派の隆盛は引き続き元代へも受け継がれた。松源派古林清茂《くりんせいむ》の会下には日・中両国の禅僧が群参した。彼は別号を「金剛幢」と称したので、その会下の僧たちは「金剛幢《こんごうとう》下《か》」と呼ばれた。金剛幢下の僧たちは、法系に基づく純粋な門派集団というよりも、詩文をよくする禅僧らの友社的集団であり、とくに文芸面で傑僧を輩出した。[26] たとえば、鎌倉末期に来朝した竺仙梵僊《じくせんぼんせん》などはこの古林清茂の高弟であり、わが国における五山文学の成立にも大きく貢献したことは周知のところである。このように中国禅宗界の変化は、日本へも少なからぬ影響を与えていたと言える。

さて、明代に至ると、前述のような松源派優位の状況は一変した。松源派の勢力は元の滅亡とともに急激に衰えてしまい、代わってこれまで雌伏を余儀なくされていた大慧派が復活してきた。これは、かなり顕著な変化であったようである。たとえば、第一節で検討した僧録司からも、その傾向を窺うことができる。ここで僧録司各職に任じた禅僧らの所属門派について少し検討してみよう[27]（「関係法系図2」参照）。

大慧派の優勢

一三六八年（洪武元年）設置の善世院において、統括の任に就いたのは覚源慧曇であったが、彼は笑隠大訢法嗣の大慧派禅僧であった。また、一三八一年（洪武一四年）に改編された僧録司制度下でも、左右講経に任じた天台僧二名を除けば、残り六名の僧のうち、右善世の季潭宗泐（笑隠大訢法嗣）、右闡教の物先仲羲（仲方天倫法嗣）、右覚義の芳林宗圀（晦機《まいき》元熙《げんき》法嗣）などが、いずれも大慧派であったことが確認される。

さらに、明代初期、禅僧が使者となって各国へ派遣された事実は前述したが、これらの使僧らを見ても、たとえば、仲銘克新（笑隠大訢法嗣）・覚源慧曇（笑隠大訢法嗣）・仲猷祖闡（元叟行端《げんそうぎょうたん》法嗣）・季潭宗泐（笑隠大訢法嗣）・天倫道彝（愚庵智及法嗣）など、いずれも大慧派禅僧であった。また永楽帝の側近として活躍した前述の独庵道衍なども、愚庵智及法嗣の大慧派禅僧であった。

明代初期の仏教界において禅僧が圧倒的な勢力をもったことは前述した通りであるが、より正確に言えば、それは大慧派禅僧を中心にするものであったと言わなければならないだろう。そしてこのような大慧派盛行の情報は、海を越えてわが国にも確実に伝わっていた。『臥雲日件録抜尤』文安五年（一四四八年）正月一九日条には、怡雲寂誾《いうんじゃくぎん》（訔）が語った唐人の噂話として、次のような記事が記されている。

径山《きんざん》回禄の時、大恵《(大慧宗杲)》の塔独り全うす、无準《(無準師範)》怒りて曰はく、土地神の龍王の私心、偏に大恵塔のみを護るは何ぞや、袖を挙げて火を扇ぎ、其の塔を焼かんと欲す、然るに龍王擁護の致す所、遂に厄を免れる

中国の名刹径山《きんざん》の火災の時、大慧宗杲《だいえそうこう》の塔のみが焼失を免れたので、怒った無準師範《ぶしゅんしばん》は火を煽って大慧の塔を焼こうとしたが成功しなかった、という噂話である。後述するように怡雲寂誾（訔）は周防の武士伊藤新左衛門弟で東福寺大慈門徒である。伊藤幸司氏によれば、彼は一四〇二年（応永九年）以前に入明しているので[28]、このような噂話も入明時のものと考えられる。話自体は、時代を無視した他愛ないものではあるが、明における大慧派の盛行とこれを快く思わない破庵派（無準師範）との対立を象徴した噂話と考えれば、相応に興味深い。

そもそも、明代以前、日中禅宗界において主導的地位を占めていたのは、中国側では破庵派や松源派、日本側ではこれに連なる東福寺系聖一派や南浦紹明《なんぽじょうみん》門下（大応派）などの禅僧であり、彼らの牽引により日中交流は推進されていた。この時期の交流を明代のそれと比較した場合、民間交流の色彩が濃厚であった点に特色がある[29]。ところが、明代に入り

大慧派の復活・台頭が始まることにより、それまで破庵派や松源派禅僧により牽引されてきた日中間の禅宗コネクションはその機能を著しく減退させることになった。加えて、明の進める海禁政策は比較的自由であったこれまでの民間交流を徐々に解体させ、国家的交流（朝貢関係）のみを強制する方向へと動き始めたのである。

このような状況下で、日明間の新たな外交手段として注目されたのが、おそらく聖俗両界に大きな影響力をもつ大慧派禅僧のコネクションであったと考えられる。日本側においても同派とのコネクションの構築が緊急の課題になってきた。日明貿易の復活に心血を注いでいた義満が、先例を無視するかたちで国書起草にあえて絶海中津を起用した理由も、次章で述べるようにこの点に大きく関係しているのである。

註

（1）『宋学士文集』翰苑続集巻二五「天界善世禅寺第四代覚原禅師遺衣塔銘」（『宋濂全集』第二冊、浙江古籍出版社、一九九九年）、「覚源曇禅師誌略」（『金陵梵刹志』巻一六、江蘇広陵古籍刻印社、一九三六年）。

（2）『釈氏稽古略続集』巻二「西白法師」には、一三六八年（洪武元年）に大慧派の西白（白庵）力金（古《こ》鼎《てい》祖《そ》銘《めい》法嗣）が洪武帝より天界寺住持に補された旨を記すが、野口善敬氏は、『継灯録』巻四および『護法録』巻一下などの史料によりながら、白庵の天界寺住持就任を一三七一年（洪武四年）とし、翌年には季《き》潭宗泐《たんそうろく》に交代したと述べている（「元・明の仏教」沖本克己編『新アジア仏教史〇八　中国文化としての仏教』所収、佼成出版社、二〇一〇年）。従うべきであろう。

（3）野上俊静「元の宣政院について」（『羽田博士頌寿記念東洋史論叢』所収、一九五〇年、のち同著『元史釈老伝の研究』再録、朋友書店、一九七八年）、藤島健樹「元朝『宣政院』考」（『大谷学報』四六巻四号、一九六七年二月）など参照。

（4）元の帝師制度については、野上俊静・稲葉正就「元の帝師について」（『石濱先生古稀記念　東洋学論叢』所収、石濱先生古稀記念会、一九五八年）、西尾賢隆「元末帝師の事績」（『大谷学報』四八巻三号、一九六九年一月）など参照。

（5）岩井大慧「元初に於ける帝室と禅僧の関係について」（『日支仏教史論攷』所収、東洋文庫、一九五七年）。

（6）日本の僧録司制度については、今枝愛真「禅律方と鹿苑僧録」（『中世禅宗史の研究』所収、東京大学出版会、一九七〇年）、玉村竹二「鹿苑僧録について」（『臨済宗史』所収、春秋社、一九九一年）など参照。また高麗でも中国をまねて僧録司制度が設置されている。高麗時代の僧録司制度については、最新の研究として、安田純也「高麗時代の僧録司制度」（『仏教史学研究』四五巻一号、二〇〇二年七月）など参照。

（7）『宋学士文集』鑾坡前集巻八「送覚初禅師還江心序」（『宋濂全集』第一冊、浙江古籍出版社、一九九九年）。

（8）龍池清「明代の僧官」（『支那仏教史学』第四巻三号、一九四〇年一一月）。

（9）『増集続伝灯録』巻五「龍翔笑隠訢禅師法嗣」、長谷部幽蹊「季潭宗泐伝の原資料」（『明清仏教教団史研究』所収、同朋舎出版、一九九三年)、鄧鋭齢・(訳)池田藴「明朝初年出使西域僧宗泐の事蹟補考」(『東方学』八一、一九九一年一月)。
(10)『金陵梵刹志』巻三三「御製僧智輝牛首山庵記」。
(11)『金陵梵刹志』巻一御制集「授仲義闡教」、『新続高僧伝』五一(『高僧伝合集』所収、上海古籍出版、一九九一年)など参照。
(12)『新続高僧伝』巻五(『高僧伝合集』所収)など参照。
(13)『浄慈寺志』(上)巻一〇(杭州仏教文献叢刊六、杭州出版、二〇〇六年)、『補続高僧伝』二五(『高僧伝合集』所収)など参照。
(14)井手誠之輔「萬歳寺の見心来復像」(『美術史』三五―一、一九八六年一月)、同「萬歳寺の以亨得謙像」(『仏教芸術』一六六、一九八六年五月)、同「見心来復編『澹游集』編目一覧(付、見心来復略年譜)」(『美術研究』三七三、二〇〇〇年三月)、『釈鑑稽古略続集』二など参照。
(15)『増集続伝灯録』(『高僧伝合集』所収)巻五によれば、笑隠大訢の法嗣。
(16)前掲、長谷部幽蹊『明清仏教教団史研究』八一頁。
(17)前掲、岩井大慧「元初に於ける帝室と禅僧の関係について」(『日支仏教史論攷』所収)参照。
(18)前掲、龍池清「明代の僧官」(『支那仏教史学』第四巻三号)。
(19)前掲、長谷部幽蹊『明清仏教教団史研究』第三章第一節参照。
(20)前掲、長谷部幽蹊『明清仏教教団史研究』第二章第二節、鈴木哲雄『中国禅宗人名索引』(其弘堂書店、一九七五年)および玉村竹二『五山禅林宗派図』(思文閣出版、一九八五年)などを参考に作成。

(21) 木宮泰彦『日華文化交流史』(冨山房、一九七二年三版)五四一頁以下「日明使節往来一覧表」。

(22) 阿部肇一『増訂中国禅宗史の研究』(研文出版、一九八六年)第一六・一七章、玉村竹二『五山文学』(至文堂、一九八五年重版)第二章、同「教団史的に見たる宋元禅林の成立」(『日本禅宗史論集』下之二、思文閣出版、一九八一年)など参照。

(23) 前掲、玉村竹二『五山文学』第二章三九頁以下。

(24) 前掲、阿部肇一『増訂中国禅宗史の研究』五七一頁以下。

(25) 前掲、玉村竹二『五山文学』第二章四〇頁。

(26) 玉村竹二「金剛幢下について(一)(二)」「金剛幢下の日本への影響」「金剛幢下の文学活動」(前掲『臨済宗史』所収)など参照。

(27) 前掲、長谷部幽蹊『明清仏教教団史研究』七七頁以下。

(28) 伊藤幸司「大内氏の外交と東福寺聖一派寺院」(『中世日本の外交と禅宗』所収、吉川弘文館、二〇〇二年)。

(29) これら門派の博多を中心とした大陸との交流については、拙著『九州中世禅宗史の研究』(文献出版、二〇〇〇年)および伊藤幸司氏前掲書など参照。

第四章　日明両国を結ぶ禅僧たち

1　絶海中津と大慧派コネクション

絶海と交流した人々

日明貿易の復活に心血を注いでいた義満が国書起草に絶海中津を起用した理由について述べていた。話をそこにもどそう。絶海は、先にも述べたように一三九二年（明徳三年）の朝鮮使来日の際に義満の命をうけて国書を製した経験がある。今回の国書作成も、そのような流れのなかで理解することはもちろん可能であるが、それだけでは不十分である。次のような事実に注意すべきであろう。

一三七六年（洪武九年）、入明中の絶海は、洪武帝に召見され、日本の熊野の徐福《じょふく》遺跡について洪武帝と詩の唱和を行っている。絶海の詠んだ詩は次の通りである（『蕉堅稿《しょうけんこう》』）。

熊野峰前、徐福の祠
満山薬草、雨余に肥ゆ
只今海上は波濤穏やか
万里の好風須からく早帰すべし

これに対して、洪武帝は、

熊野峰は高し、血食の祠
松根の琥珀もまた応に肥たるべし
当年、徐福は僊《(仙)》薬を求め
直に如今《いま》に至るまで更に帰らず

と詠じた。徐福は、中国秦の時代に、始皇帝の命により不老不死の薬を得るため東海へ船出したと言われている人物である。和歌山県の新宮市には渡来した徐福の墓と伝えるものもあるが、この伝説がこの時期すでに日明両国で広まっていたことがわかる。

国書を起草した絶海中津は、このように明皇帝と極めて親しい関係にあったが、さらに明代禅宗界で一大勢力となった大慧派の禅僧らとも親しい関係にあった。たとえば、入明時、湖州の護聖万寿寺《まんじゅじ》では大慧派の清遠懐渭《せいえんかいい》（笑隠大訢の俗甥で法嗣）に師事しているし、また杭州中天竺寺においては季潭宗泐（笑隠大訢法嗣）に師事し、その会下で焼香侍者や蔵主の職をつとめている。(1) 道号の「絶海」も季潭の命名によるものであった。否、ことは法脈上の関係にとどまらない。帰朝に際しては、季潭を通じてその師である笑隠大訢の蒲室疏法を伝授され、(2) これがわが国の五山文学における四六文流行の先駆けとなったことなどは著名な事実である。大慧派法脈との親交には深いものがあったのである。

それでは、義満の新たな交渉相手となるはずの燕王（以下、永楽帝と称す）との関係はどうであったのだろう。

結論から言えば、永楽帝と直接的な関係こそなかったものの、当時、永楽帝から絶大な信頼を得ていた独庵道衍（姚広孝《ようこうこう》）との間に極めて太いパイプをもつ僧であった。独庵道衍は永楽帝が甥の建文帝から皇位を奪取した際の戦乱（靖難の役）では軍事顧問として活躍し、また僧録司を代表する左善世の職もつとめるなど、聖俗両界に強い影響を与えた禅僧である。(3)

絶海中津の詩文集『蕉堅稿』には、一四〇三年（永楽元年・応永一〇年）一一月の日付をもつ「僧録司左善世道衍」の序文が掲載されているが、(4) これは独庵が製したものであり、絶海起草の国書を携帯した使節らとともに渡海した弟子、龍渓等聞らがもち帰ったものであった。彼らは師の詩文集を独庵に呈し、序文を求めたのであった（ちなみに絶海の語録についても、杭州浄慈寺住持で、のちに僧録司左善世となる大慧派祖芳道聯が、序を撰している）。このとき、当然ながら、国書の起草者が絶海であるという情報は、独庵にも伝えられたであろう。

道衍の序文は、「禅師、名刹に三住し、大床座に拠す、直指の道を以て学者に開示し、重ねて海内を望む」と記すなど、絶海に対する親愛・敬愛の情が溢れており、両者の間に親密な交流があったことを窺わせる。

さらに絶海は、独庵の弟弟子にあたる天倫道彝との間にも親交があった。天倫は、一四〇二年（建文四年・応永九年）建文帝から日本へ遣わされた使節であったが、在京中、同じ使節の一庵一如をともない、絶海のもとを訪れている。(5)

義満が国書作成の起草者として絶海を選任したとき、これらの点への配慮が全くなかったと考えることは、到底不可能なことであろう。

義満の大慧派に対する配慮

義満の大慧派への配慮といった点については、さらに次のような事実も参考となる。

村井章介氏は、夢窓派の拠点である相国寺の第四世・五世として一山派の雪村友梅《せっそんゆうばい》の法嗣である太清宗渭《たいしんそうい》・雲渓支山《うんけいしざん》が就任している事実を指摘し、「(一三九〇年)明徳元年の時点では、義満は一山派雪村系に肩入れしていた形跡がある」と述べているが、[6] 同派に対する義満の肩入れも、実はこの大慧派の問題と無関係ではない。雪村の所属門派である一山派というのは虎丘派の曹源派に属する(巻末の「関係法系図1」)。したがって大慧派ではない。だが後にも述べるように(第五章第二節)、一山自身が曹源派元極行彌《がんきょくぎょうみ》に嗣法する以前、大慧派の無等慧融《むとうえゆう》(妙峰之善法嗣《みょうほうしぜんはっす》)によって出家していることからもわかるように、大慧派とは親しい関係にあった。ちなみに雪村は入元中に大慧派の元叟行端《げんそうぎょうたん》や晦機元熙《まいきげんき》などと親密な交流をもっている。つまり親大慧派という点においては、絶海同様、雪村門派も同じ性格をもっていたと言えるのである。後述するように(第三節)、義満は禅僧らのもたらすリアルタイムの情報により、明朝における大慧派の優勢は了解していたはずである。とすれば、当時、おそらく大慧派とのコネクションを有する禅僧らが相国寺に集められていたと考えられるのである。

2　義満と大慧派

義満像の賛文

義満と大慧派に再度話をもどそう。この問題について、近年興味深い事実が明らかにされた。義満死去後の法要に際して、義持が作成した「足利義満像」（鹿苑寺蔵）の賛文が、実は大慧宗杲の法語からの引用であったことが明らかになったのである。[7]

問題の画像は、一四〇八年（応永一五年）、義満四十九日法要の際に作成されたものと考えられ、頭部には次のような義持の賛が付されている。

身は無相中より生を受け
なお諸形象を幻出するが如し
幻人の心識、本来は無
罪福皆空、住する所無し
　応永龍集戊子（十五年）季
夏（六月）下澣

道詮《（義持）》薫毫・九拝し書す

本図に関連して、『教言卿記』応永一五年七月二日条には、「予、焼香の為鹿苑院に参詣す、この御影は土佐将監行広書き奉る、殊勝、殊勝」と記されている。つまり、山科教言が鹿苑院において見た義満御影が本図であり、画家は土佐行広であったことが判明する。義持の賛は、中国の北宋第八代皇帝・徽宗《きそう》（一〇八二〜一一三五）の三回忌に際して大慧宗杲が行った説法の冒頭部分であり、義満は徽宗に擬えられていると指摘されている。『大慧普覚禅師語録』（『大正新修大蔵経』四七巻）によれば、問題の法語は、

徽宗皇帝の大祥に上堂す、拈香罷《おわ》りすなわち座に就き云く、（後に続く法語は前掲と同じため省略）

とあり、義持の賛文と確かに一致する。義満が徽宗に擬えられているかどうかはしばらく措くとしても、これが大慧の法語からの引用であったことは間違いない。

とすれば、義持はなぜ大慧の法語から賛文の引用を行ったのか、という点は改めて考えてみるべき問題であろう。後にも述べるように（終章第二節）、隠遁的な禅に傾倒してい

たと言われる義持の禅の嗜好から考えると、彼自身が大慧の禅に傾倒していたと考えるには無理がある。大慧派は「政治的な権力官僚有力者と結合し、政治的な権力[8]」を得た門派であり、義持の禅の嗜好とは正反対の位置にあった。とすれば、やはりこれは、義満が生前に大慧へ傾倒していたという事実があって、そのことを前提として、前掲の賛が肖像に付されたと考えるべきなのだろう。この点、義満が大慧派とのコネクションを模索していたのではないかと考える私見とも合致しており、とくに興味深い。

図7　足利義満像（足利義持賛）（鹿苑寺蔵）

夢窓派の大慧派接近

この点に関してさらに付け加えておきたい事実がある。実は夢窓派に属する春屋妙葩の近辺にも大慧派接近の動きがあったようである[9]。

一三八三年（永徳三年）、春屋の法嗣《はっす》道隠昌《どういんしょう》

樹《じゅ》は、中巌円月が『大慧普説』を講じている夢を見た。室の中央には一幅の絵が掛けてあり、誰の絵かと尋ねると、大慧宗杲その人であるとの答えである。ところが、絵をよく見ると画像上部に、「大智普明」の四字が記されていた。そこで、道隠は「是、我国師（春屋妙葩）」であると主張したところで目が覚めた。道隠は直ちに夢で見た春屋の像を写して「大智普明」の文字を金泥で記し、春屋のもとに赴いて自賛を求めたということであった。これは、すなわち「春屋が大慧宗杲の再来の人であり、大慧の後身であるという説を夢に託して述べたもの」であり、また春屋にしても「大慧再来説を肯定したような」自賛を与えていることから考えれば、春屋近辺にも大慧派接近の動きがあったと見るべきだろう。[10] [11]

夢窓派は法系的に言えば、破庵派（仏光派）に属する門派である（巻末「関係法系図1・4」）。その破庵派は中国禅宗界においては大慧派とは長く対抗関係にあり、この状況は明代においても変化はなかった。その意味からすれば、夢窓派の大慧派接近は極めて明確な路線変更であって、中国禅宗界の変化に機敏に反応した政治性の強い選択であったと評価しなければならない。このような夢窓派の大慧派接近に関しては種々の問題が残されることになる。たとえば、このような路線変更を可能にした日明両国の事情はどのようなものであったのか、という問題は直ちに想起されるところである。これについては、今後、多方面からの考察が必要となろうが、ここで取りあえず日本側の事情について述べておけば、当時の日本にはいまだ大慧派を標榜する有力な禅宗集団が不在であったことを指摘できるであろう。当時、大慧派の禅僧集団としては、大日能忍を祖とする日本達磨宗や中巌円月の門派などがあげられるが、いずれも有力門派であったとは言い難い状況にあった。夢窓派の大慧派接近、それを可能にした理由のひとつとして、この点を指摘することは可能であるかもしれない。

3　情報媒介者としての禅僧

留学僧を引見する明皇帝

日明両国がそれぞれ相手国についての情報を仕入れたいと考えた場合、いくつかの手段が選択肢としては存在したであろう。しかしながら、両国を往来する禅僧らがとりわけ有効な情報源であったことは間違いない。否、明代初期、とくに本書の扱う時期に限って言えば、彼らのもたらす情報のみが、入手し得るほとんど全てのものであったとさえ言えるのである。というのは、明の推し進める海禁策により民間商人の活動は徐々に制限されつつあったのだが、僧侶だけはまだ、比較的自由な活動が黙認されていた。しかも、脱世俗的存在であった彼らは、明皇帝などと直接に面談し、意見を開陳できるという異例の特権ももっていた。このことは言葉を換えれば、禅僧らの言動が両国の外交政策に重要かつ直接的な影響を与えていたということを意味する。

事実、洪武帝の時期、次に述べるように、彼は日本からの留学禅僧らをしばしば引見し、情報の収集を行っていたことがわかる(12)。

入明中であった絶海中津は、一三七六年(洪武九年)に洪武帝に召見され、熊野の徐福遺跡について洪武帝と詩の唱和を行った(既述)。すなわち、

太祖高皇帝、英武楼に召見し、問うに法要を以てす、奏対し旨を称す、又板房に召至る、日本図を指し、顧みて海邦遺跡熊野古祠を問う、勅して詩を賦す(13)

とある。

あるいはこれより先、入明中であった無我省吾《むがしょうご》も一三七三年(洪武六年)に洪武帝に召見され法問に答えることがあった。そのときの彼の見事な応答は臨席者一同から賞賛を浴びることとなり、洪武帝は、「師を留め巴思八に擬せんと欲すも、師は力みて辞す」と、元の帝師巴思八《パスパ》のごとく彼を遇し滞留を促したが、固辞したとされている(14)。

このように、洪武帝が日本からの留学僧をしばしば引見していたことは確かな事実である。ただ、以上にあげたような事例だけから見れば、あるいは、次のような疑問は当然出てくるかもしれない。つまり、引見の場で留学禅僧らになされた洪武帝の質問は、徐福祠や禅の法要など文化的質問ばかりで、両国の政治情勢や外交に関連した質問などはなされなかったのではないかという疑問である。

だがそれは必ずしも正しい見方ではない。彼らへの質問が前掲史料に記された内容のものだけであったとは、到底考えがたいからである。

たとえば、次のような例がある。一三七二年（洪武五年）頃、奉天殿に召された日本の留学禅僧椿庭海寿は、「帝、日本の四方遐邇（地形）・皇運治乱を問う[15]」と、洪武帝より日本の地形や国内情勢についてかなり詳細な質問をうけたことがわかる。また、一三八二年（洪武一五年）には、日本からの遣使「嗐哩嘛哈」（懐良親王の派遣した如瑤《じょよう》とする説もあるが、詳しくは不明）に対しても、「日本の風俗」についてかなり具体的な質問がなされたことを推察できる[16]。

このような事実から考えて、一見、文化的色彩の強い会見の場にあっても、時に応じて日本国内の政治情勢や外交的関心から発せられる質問などは当然なされたと考えなければならない。

禅僧がもたらした最新情報

このような事情は、実は日本側においても同じであった。義満の帰依をうけた禅僧としてとくに著名であるのは夢窓派の春屋妙葩や義堂周信、絶海中津などであるが、彼らは全ていわゆる中国通の禅僧たちであった。[17]

たとえば、春屋妙葩は渡海の経験こそなかったが、中国僧とのつきあいは多かった。一三七二年（応安五年）に来日した明使仲猷祖闡および無逸克勤ら一行とは頻繁な詩文の交換を行っており、両者の間で唱和された詩文は『雲門一曲』として今日まで伝えられている。絶海中津にしても、この点は同様である。一三六八年（応安元年）に入明し、天界寺で季潭宗泐などに参禅し、一三七六年（洪武九年）には、前述したように、洪武帝と詩の唱和を行い、大いにその詩才を賞賛されるという経歴をもった僧であった。

そして、義満は、このような留学禅僧らを通じて、中国側の政治状況や禅宗隆盛の様子などをかなり詳細に知り得ていたようである。義堂周信の日記『空華日用工夫略集』によれば、帰国した留学僧らのもたらすリアルタイムの情報は、その多くが義堂のもとに集められていた。[18] 義堂の鎌倉滞在中の記事ではあるが、同書永和三年（一三七七年）九月二二日条には、

　道可蔵主至る、近ごろ江南より回る、説きて云く、近年大明は日本僧の行脚を禁じ、皆集めて天界寺に在らしめ、妄りに出入りすること及び俗書を看ることなどを許さず

と、帰国した久庵道可《きゅうあんどうか》から、日本の入明僧が天界寺に集められ自由な活動を制限されていることや俗書を読むことを禁じられているという情報を得ている。

　また、翌年四月二三日条には、

　津絶海《（絶海中津）》より書有り、帰朝して京に達すと、書とともに数物を以てす、半雲の篆扁は周伯温の書にして、堅白老人と称する者なり、空華歌幷に大字は龍翔の泐季潭《（季潭宗泐）》の作にして、乃ち大明洪武丙辰《（九年）》なり、

と、帰国した絶海中津から土産物数品とともに、『空華集』巻頭に載せられた季潭宗泐の識語などが寄せられるなど、中国の最新情報がもたらされている。

　そして、これら義堂のもとに集められた情報は、義満からの求めに応じて適宜彼に伝達されていた。たとえば、同書永徳二年（一三八二年）五月七日条には、

君《（義満）》又問う、唐国にも亦五山十刹《じっさつ》有るか否かと、余曰く、日本の五山十刹は彼の国に倣うなり、君又唐五山位次を問う、曰く、第一は径山《きんざん》、君曰く、径の字義は如何と、曰く、始め山に両径あり、故に又双径とも曰く（以下略）

とあり、義満の諮問により中国五山の具体的な情報が伝達されていたことがわかる。このような情報中に、時として明国の政治状況や洪武帝に関するものも含まれたと推測してみても大きな誤りとはならないだろうし、それらが日明の国交回復を目指す義満にとって有力な情報となったであろうことは、事細かに述べるまでもない。

4　雲南の日本禅僧たち

雲南に残る日本僧の墓

中国西南部に位置し、少数民族が建設した麗江古城（世界遺産）や元陽の棚田などで日本にもその名が知られた雲南は、元代以前はほとんど辺境の地であった。唐代には南詔《なんしょう》国《こく》、宋代に大理国といった現地民族の王国が栄えていたが、元代に入り今日の昆明《こんめい》に雲南行中書省が置かれた頃から漢民族の居住が増加し、明代には積極的な屯田が進められていった。このような時期、元末から明初にかけて、わが国の禅僧らのなかには、遠く雲南の地を踏む者がいた。日本禅僧の広範な活動の一端として、この点、とくに紹介しておきたい。

一四三六年（正統元年・永享八年）楊士奇の序をもつ『滄海遺珠《そうかいいしゅ》』（『欽定四庫全書』集部八）という詩集がある。これは明代の初め雲南平定に功績をあげ、当地の実質的支配者となった沐英の三男沐昂《もっこう》の詩集であるが、同書には、機先（□鑑）、大用（克全）、天祥、斗南（永傑）、比宗（曇演）ら五名の日本僧に関係する詩文が収録されている。

一三八一年（洪武一四年・康暦三年）、いわゆる胡惟庸事件に関連して、「日本国王」（懐良親王）は兵を派遣した。だがこのときすでに胡惟庸は誅せられており、日本国王の派遣した兵士らは遠く雲南の地へと配流されることになった。そして、この事件に連座するかたちで、在明中であった禅僧たちも、兵士らとともに雲南へ「流謫」されたと言われている。

これらの問題については、中国側の研究をはじめとして、国内外にいくつかの研究があるが、近年の伊藤幸司氏の研究は最新の成果である[19]。伊藤氏らの成果によりながら、雲南の地を踏んだ日本禅僧らの軌跡をたどってみよう。ただし、氏の見解に対してあらかじめ述べておきたい点は、『滄海遺珠』に詩文を残した五名の日本僧は、果たして全てが胡惟庸事件に連座して雲南へ「流謫」、あるいは「移送」された禅僧であったのか、という点である。この点についてはなお検討の余地があるように思われる。ちなみに、『云南宗教史』[20]は、彼らを求法のために自ら雲南へ赴いた僧たちであったとの見解をとるが、根拠とする禅僧の没年などに関して、残念ながらいくつかの事実誤認が見られる。結論から言えば、筆者はこれら両様の禅僧が含まれていたと考えているのだが、いずれにせよ雲南の地を踏んだ日本僧が存在したことは間違いない。

ちなみに、雲南省の大理には、「日本四僧塔」と呼ばれる無縫塔（卵塔）が現存し、これを雲南へ配流された日本僧の墓とする所伝がある。

李元陽（万歴）の『雲南通志』巻二「大理府・古迹」に見える、「【日本四僧塔】龍泉峰北澗の上にあり、縉光古と斗南と、その他二人の名は不明、皆日本国の人。元末に大理に遷謫されたが、皆詩が堪能であり書が巧みであった。仏教を学び亡くなった。郡の人はこれを哀れみ葬った」との記載を根拠とした説である。しかしながら、縉光古（光古縉昶《こうこしんちょう》）に関して言えば、彼は日本人ではなく、明人である。また斗南は『滄海遺珠』に詩文を残した斗南（永傑）のことであろうが、後述するように、晩年には日本へ帰国しているようにも思われるので、この点についても検討の余地がある。現存する「日本四僧塔」についての調査は、果たしてそれが「日本四僧塔」であるのか否かも含めて、今後の課題である。

中国の詩文集に名を残した禅僧たち

『滄海遺珠』に詩文を残した禅僧らへ話をもどそう。『云南宗教史』は、上村観光『五山詩僧伝』などによりながら、これらの僧のうち大用を虎丘《くきゅう》派曹源派（一山派）の大用有諸《だいようゆうしょ》（太清宗渭《たいしんそうい》の法嗣）、天祥を黄龍《おうりよう》派の天祥一麟《てんしょういちりん》（龍山徳見《りゅうざんとっけん》の法嗣）に比定しているが、道号の一致以外とくに根拠は示していない。したがって真偽の判断は保留せざるを得ないことになる。ここでは関係史料に基づいて、彼らの足跡をたどってみよう。

機先（□鑑）『異国使僧小録』[21]は諱を鑑有と記すが、典拠は不明である。『滄海遺珠』には一八首の詩が収められている。そのなかに、「滇陽（昆明《こんめい》）六景」の詩があるので、はじめは昆明に居住していたと考えられる。のちに大理に移ったのであろうか。明人の胡粋中が詠んだ「鑑機先和尚を挽《とむら》う」によれば、「脚に信《まか》せ中原万里を旅した」のち、「滇海の最西頭」（大理）において死亡したようである。先に述べた日本四僧塔と関係する僧であったかもしれない。また機先自身が詠んだ「僧の石城に帰るを送る」には、「夢中に猶石城の鐘を聴く」の文言があり、博多（石城）関係の僧であったようである。詩には望郷の念が溢れており、流謫の身を暗示しているようにも推察される。

大用（克全）『滄海遺珠』には「縉光古を挽う」の詩一首がある。その一節に、「交わりを論ずれば三十載、死別して長き悲しみを抱く」とあることから、雲南にかなり長い期間滞在し、明人光古縉昶《こうこしんちょう》と親交をもっていたことがわかる。陶宗儀の『書史会要』巻八「外域」（上海書店、一九八四年）にも彼に関する記載がある。同書は元代末までの中国名書家の伝を集めた書であるが、それに、「さきに余（陶宗儀）は、その国の僧の克全、字は大用と曰う者と、偶またま海陬の一禅刹に解后（邂逅）せり」とあり、陶宗儀は海辺（寧波か）の禅刹で大用に会ったことを記している。大用は彼に国字の「いろは」を教え、国字で漢詩文を書いて見せている。『書史会要』の成立は一三七六年（洪武九年）であるので、陶宗儀と大用の出会いはそれ以前のことになる。大用はこの出会いののち、雲南の地を踏んだと考えられる。

天祥『滄海遺珠』には一一首を収める。収載された「夢裏の湖山、孫懐玉の為に作る」や「長安春日の作」からすると、雲南に来る以前、彼は一時杭州や長安に滞在していたことがあるらしい。また「暮春病懐」中、「落花地に満ちて雨絲絲、九十の春光また別離す」の文言からすれば、九〇歳の長寿を得たようで、その後まもなく、おそらく大理で亡くなったのであろう。

斗南（永傑）『滄海遺珠』には二首の関係詩を収める。玉村竹二『五山禅僧伝記集成』によれば、彼は松源派（啖慧派）の僧で、諱は永傑。南禅寺《なんぜんじ》少林庵春谷永蘭《しゅんこくえいらん》の法嗣《はっす》であり、貞庵永謀《じょうあんえいぼう》・惟肖得巌《いしょうとくがん》と並んで「少林の三絶」と呼ばれた。なお、上村観光『五山詩僧伝』

図8　円通寺（雲南省昆明）（著者撮影）

は、彼を京都鳴滝妙光寺の僧と記すが、典拠は不明である。斗南がかなりの能筆家であったことは、国内の五山関係史料（『半陶文集』「評倭僧斗南書」・『補庵京華前集』「書江山小隠図詩後」）などからも窺えるが、先にあげた『書史会要』の「補遺」にも、入明して虞世南の書法を学んだ日本僧として、権中中巽とともに彼の名があげられている。『滄海遺珠』には、雲南に謫居していた楼璉《ろうれん》の詩「鏡中照上人を送りて、兼ねて斗南和尚に柬《てがみ》す」があるが、これによれば、斗南らは雲南の昆明から大理に至り、大理に一時住したが、その後日本へ帰国したようである。帰国に際して作者楼璉は、彼らとの交誼を述べ、帰国安全の餞《はなむけ》としている。

比宗（**曇演**）『滄海遺珠』には二首の関係詩を収める。會烜《かいけん》の「日本僧演比宗に贈る」には、「日本に生まれて三蔵に精しく、雲南に老いて六時に礼す」の文言があり、若いときに雲南へやってきたことがわかる。ちなみに、昆明の五華寺内に聚遠楼を建設した曇演という日本僧（『大明一統志』巻八六「聚遠楼」）は、伊藤氏が指摘されたように、この比宗のことであろうが、聚遠楼建設の事績を考慮した場合、彼が「流謫」僧のイメージから遠のくことは否定できない。元の末期から明代にかけて、昆明では玄鑑、崇照（破庵派幻住派、中峰明本法嗣）などの禅僧が大いに活躍しているので（『云南宗教史』）、比宗は求法目的で自発的に同地を訪れた可能性もある。ともあれ、昆明にはこのほか古刹円通寺にも、名前は不明であるが、日本僧が建立した「翠微深処」と呼ばれる寮舎や、「古木回岩」と呼ばれる楼閣があった（『景泰雲南図経志書』雲南府・寺観・円通寺）。彼らが雲南の地を踏んだ契機については、今後の検討課題として残されている。

註

（1）「仏智広照浄印翊聖国師年譜」応安元年条（『大正新修大蔵経』八〇巻所収）、西尾賢隆「室町幕府外交における絶海中津」（『中世の日中交流と禅宗』吉川弘文館、一九九九年）など参照。ただし、季潭宗泐はこののち一三九一年（洪武二四年）、見心来復らと胡惟庸の獄に連座し失脚するが、ほどなく許される（『列朝詩集』閏集巻一、新華書店、一九八九年、宗泐小伝など）。

（2）西尾賢隆「日中禅林における疏から表への展開」（前掲『中世の日中交流と禅宗』）参照。

（3）牧田諦亮「道衍伝小稿」（『東洋史研究』第一八巻二号、一九五九年一〇月）など参照。

（4）『蕉堅稿』序文（『五山文学全集』第二巻、裳華房書店、一九〇六年）。

（5）「和韻謝天寧天倫禅師上竺一菴講師過訪」（『絶海和尚語録』巻下、『大正新修大蔵経』八〇巻所収）。
（6）村井章介「東アジアの中の相国寺」（『国境を超えて――東アジア海域世界の中世』所収、校倉書房、一九九七年）。
（7）高岸輝「足利義満の造形イメージ戦略」（『ZEAMI』四、森話社、二〇〇七年）。
（8）玉村竹二『五山文学』（至文堂、一九八五年）第二章三九頁以下。
（9）「智覚普明国師語録」巻八（『大正新修大蔵経』八〇巻所収）付録「夢中像記」および玉村竹二「慈照寺と慈照院」（『日本禅宗史論集』下之二所収、思文閣出版、一九八一年）など参照。
（10）春屋の自賛は「智覚普明国師語録」巻五（『大正新修大蔵経』八〇巻所収）「昌樹書記絵夢中所見之像請」に伝存する。
（11）玉村竹二「慈照寺と慈照院」（前掲『日本禅宗史論集』下之二所収、一九八一年）八〇九頁。
（12）葉貫磨哉「入明僧椿庭海寿評伝」（『駒沢史学』五、一九五六年一一月、のち同著『中世禅林成立史の研究』再録、吉川弘文館、一九九三年）。
（13）『絶海和尚語録』巻下所収「仏智広照浄印翊聖国師年譜」永和二年丙辰条（『大正新修大蔵経』八〇巻所収）。
（14）「石城山宗系略伝」無我吾禅師（広渡正利編著『石城遺宝』所収、文献出版、一九九一年）。
（15）『本朝高僧伝』巻三六「京兆南禅寺沙門海寿伝」（『大日本仏教全書』一〇三巻、名著普及会、一九七九年復刻）。
（16）『鄭開陽雑著』「附日本貢使詩」（『文淵閣四庫全書』）。

（17）村井章介「春屋妙葩と外交」（『アジアのなかの中世日本』所収、校倉書房、一九八八年）。
（18）西尾賢隆「日中の五山之上」および「日中交流史上の義堂周信」（前掲『中世の日中交流と禅宗』所収）。
（19）『云南宗教史』（云南人民出版社、一九九九年）、高田時雄「六百年前の雲南流寓日本僧」（『しにか』一二一、一九九一年一二月）、シャルロッテ・フォン・ヴェアシュア他「中国・雲南に流罪となった南北朝時代の日本人僧たち」（『歴史街道』七、一九九六年）、向山寛夫「明初の訪中日本人僧侶たちの雲南への流謫」（『国学院雑誌』一〇一―四、二〇〇〇年）、伊藤幸司「日明交流と雲南」（『仏教史学研究』五二―一、二〇〇九年一〇月）など。
（20）前掲、『云南宗教史』第三章第七節。
（21）伊藤幸司「『異国使僧小録』の研究」（『禅学研究』八〇、二〇〇一年一二月）。

第五章　博多・兵庫における禅宗の展開

義満の外交政策が中国禅宗界の動向と緊密に結びついていたことは、これまでに詳しく述べた。しかし、中国禅宗界の動向と緊密に結びついていたのは、なにも義満の外交政策だけではなかった。たとえば国内有数の対外貿易港である博多や兵庫で展開した禅宗からも、中国禅宗界との緊密な関係を窺うことができる。

1　博多における禅宗の展開

聖福寺の建立

鎌倉時代に入ると入宋僧らの活動により、博多への禅宗の流入が本格化するが、その嚆矢となったのは、栄西による聖福寺の建立であった。

一一四一年（永治元年）、備中国の吉備津で生まれた栄西は、はじめ天台宗の教学を学

図9　聖福寺山門（著者撮影）

んでいたが、二度目の入宋時に天台山万年寺で虚《こ》庵懐敞《あんえしょう》に参禅し、臨済宗黄龍《おうりょう》派の禅を伝えることになった。これ以後、禅僧としての彼の活動が始まるわけである。ちなみに栄西は二度目の入宋の前の時期博多周辺に滞在していたが、この時期の栄西に関する新史料が愛知県名古屋市の真福寺宝生院から発見されて話題となったことは耳に新しい[1]。また初度入宋時の栄西の事績として、同じ時期に在宋中であった俊乗房《しゅんじょうぼう》重源《ちょうげん》とともに寧波阿《あ》育王山《いくおうざん》の舎利殿建立を請負い、帰国後に重源が後白河法皇に進言して舎利殿の建立が実現した事実なども、近年次第に明らかにされてきている[2]。

さて、一一九五年（建久六年）、二度目の入宋から帰国し、博多に滞在していた栄西は、同地在住の宋人らが建立していた百堂の跡地に聖福寺を創建した。同寺所蔵の文書では源頼朝の保護を得て寺院建立がなされたと伝えるが、実情としては大陸との貿易に携わっていた宋人商人らによって建立されたものである。当時博多には多数の宋人商人が居住しており、平安時代にはすでに「唐坊（大唐街）」も形成されていた。栄西は彼らとかなり親しい関係にあったようで、著書『興禅護国論』未来記からは、博多津の宋人商人張国安との関係を窺うことができる。

このように博多では他の地域に先んじて次々に禅寺が建立された。聖福寺や次に述べる承天寺などがそうである。その背景に大陸貿易に従事する宋人商人らの積極的な支援があったことは確かである。だが、それではなぜ、彼らは新来の禅宗を保護したのであろうか。彼らが禅宗信仰をもっていたということはもちろんであるが、それとともに禅宗を保護することが、彼らの行っていた貿易の利益にも繋がるという見込みもあったのであろう。たとえば次のような見解がある。禅宗を日本に移植すれば、関連する中国文物に対する日本側の受容が増大することになる。彼ら宋人商人たちは、そのような貿易の利を狙ったのであろうという見解である(3)。

首肯できる見解であるが、そのような事情とともに、当時、彼らの貿易活動を規制していた日本側の状況も考慮しておくべきであろう。博多に居住する宋人商人らは有力寺社に寄人・神人として帰属しながら大陸貿易に従事していた。商業的な各種の保護・特権を得る代わりに、種々の負担も担っていたのである。大陸貿易でさえも、形式的には有力寺社が派遣の主体であって、彼らはその請負人的立場に置かれていた。(4) もし日本で禅宗が興隆し、彼らの建立した禅宗寺院が既存の有力寺社の地位を獲得できるなら、これまでのように有力寺社に従属する必要はなくなる。各種の負担を担う必要もなくなるのである。彼らの禅宗保護の理由がこのような事情と全く無関係であったとは考えられないであろう。ともあれ、博多への禅宗の流入と展開が大陸貿易と密接な関わりをもって進行したことだけは確かである。

破庵派（聖一派）の展開

栄西の聖福寺建立に続き、博多の禅宗の興隆に拍車をかけたのは、のちに京都東福寺の開山となった聖一国師円爾《えんに》による承天寺建立である。一二四一年（仁治二年）、宋より帰国した円爾は大宰府に崇福寺《そうふくじ》、博多に承天寺を開山し、一二四三年（寛元元年）には、九条道家の請により山城に東福寺を開いた。

承天寺の建立については、宋人商人謝国明《しゃこくめい》や大宰府府官少弐の職にあった武藤氏（少弐氏）の援助のあったことが明確である。開基檀越《かいきだんのつ》（開山時の保護者）となった謝国明は博多の代表的な宋人商人であり、当時、博多総鎮守櫛田宮の側に居を構え、日本人妻との間に子どももいた。

承天寺に対する彼の保護は、同寺への所領寄進などが主な内容であるが、円爾の入宋時の修行先であった径山万寿寺へも向けられている。円爾は、留学先であった万寿寺が火災に遭うと、謝国明にすすめて大仏殿再建のための材木千枚を「寄進」している（近年、この「寄進」に関しては、代価をともなう商行為であったとする説がある[5]）。これに対して、万寿寺の無準師範からは、円爾と謝国明の両人に礼状が出され、あわせて「承天禅寺」の額字なども贈られてきた。

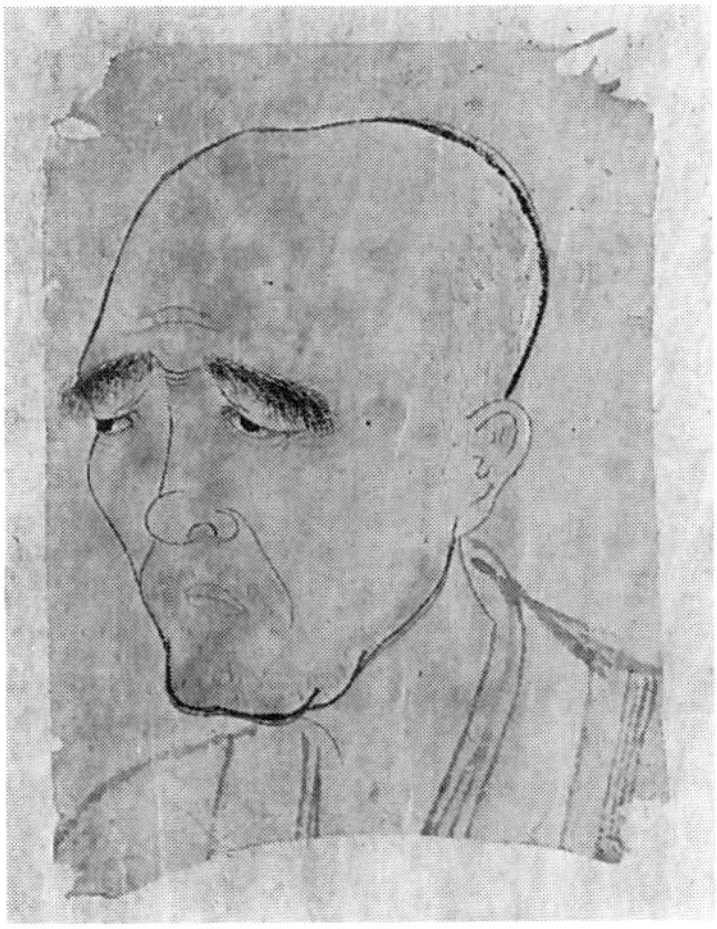

図10　白雲慧暁頂相画稿
（東福寺栗棘庵蔵）

円爾の後、承天寺住持となったのは白雲慧暁《はくうんえぎょう》である。讃岐の人で、のちに東福寺第四世の住持となったが、一二六六年（文永三年）に入宋し、南宋滅亡の年である一二七九年（弘安二年）に帰朝している。宋国滞在中は、江南の禅林を巡歴し、最後に台州（浙江省）にある瑞巌寺の希叟紹曇《きそうしょうどん》に参禅した。希叟は破庵派無準師範の法嗣である。白雲は、希叟の死去に際して江南の諸老とともに追悼の頌を製し、また彼の地において希叟の語録を出版す

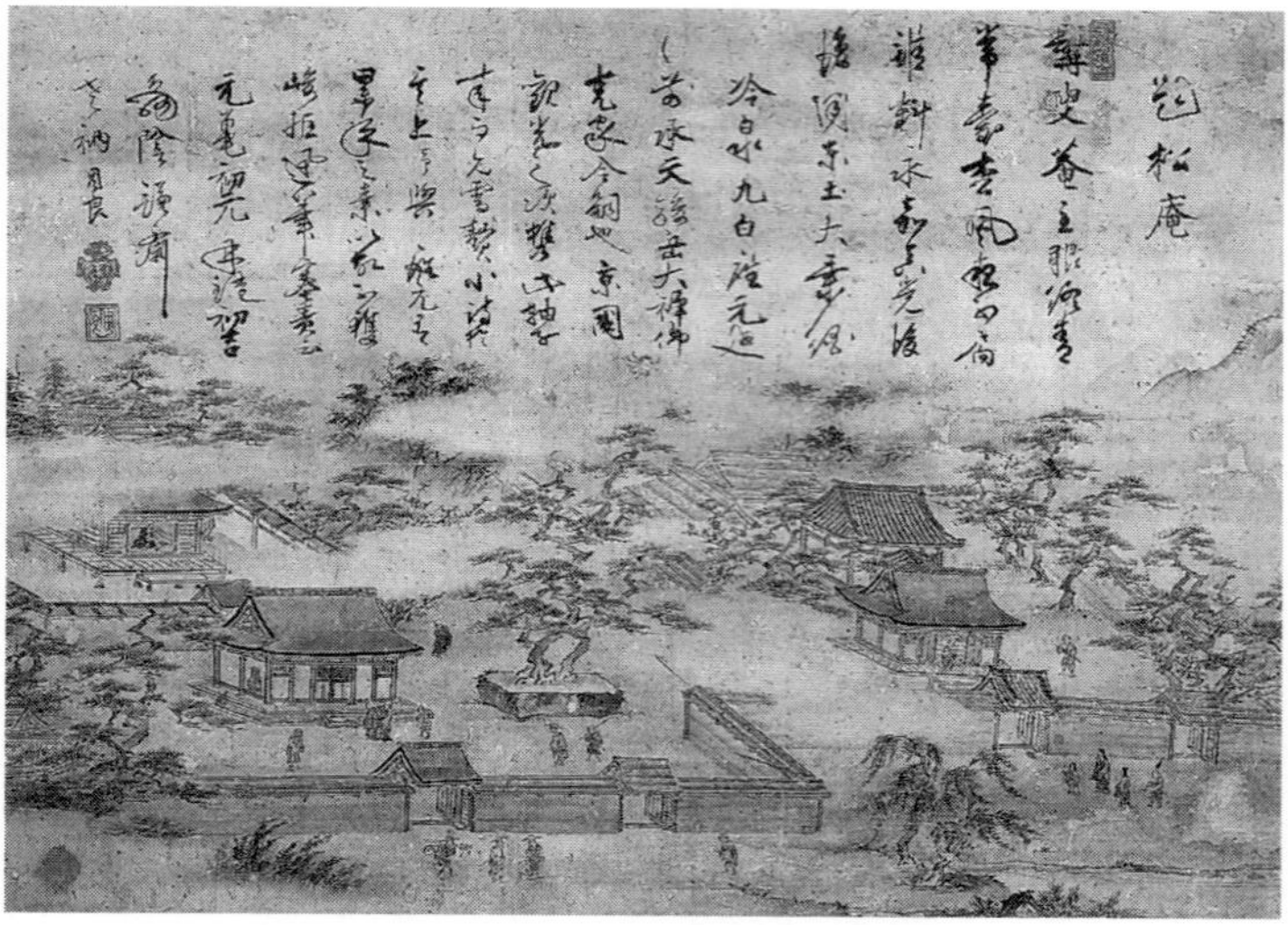

図11　博多承天寺古図（個人蔵）

るなど文化的事績もあった。現在、東福寺内の白雲の塔頭である栗棘《りつきょく》庵には、次に述べるように、彼が宋国より将来したと伝える遺品、宋拓六祖像と輿《よ》地図が現存している。

宋拓六祖像は、達磨以下六祖慧能に至る中国禅宗の祖の拓影で（各幅とも縦約九八㎝、横約四二㎝）、各幅とも賛文が付されている。また輿地図は二幅に分載され（各幅縦約一八九㎝、横約九〇㎝）、中国を中心に東は日本、北は朝鮮半島から蒙古、南は東南アジアの各国、西は西域・インド方面に及ぶもので、書き込まれた地名などから考察して、製作年代は南宋最末期と推定されている。

これらの遺品に関する文献的史料は現在のところ全く見当たらない。したがって、白雲慧暁による将来説も寺伝の域を出るものではない。ただ同庵には、このほかにも、次に述べるような白雲の頂相《ちんぞう》画稿（肖像画の下書き）など、当時の日中交流の事実を示す遺品が残っている。白雲の直弟子であった傑山了偉《けつざんりょうい》は、白雲没後、天目山（杭州府臨安県）の中峰明本《ちゅうほうみょうほん》のもとを訪れ、師の肖像に賛を求め、また画工をして白雲の頂相を描かせた。この画稿はその際、傑山が日本より携行した画稿であったことが判明している。このような事実を考慮すれば、前述した寺伝の信憑性もかなり増してくるように思われる。

松源派（大応派）の展開

鎌倉時代の博多は、以上のように破庵派禅僧の対外交流が活発であった。一九七六年、韓国新安沖の海底から発見された沈没船が、京都東福寺・博多承天寺などを輸入元とする貿易船であったことも、すでに馴染みの話題になった。一方、中国においては、南宋時代末（鎌倉時代末）頃から破庵派および松源派間の争いが激化し、その結果松源派の台頭が始まった（既述）。このような状況をうけて、早速、博多へもその影響が及んできた。

一二三五年（嘉禎元年）、駿河国阿部郡に生まれた南浦紹明《なんぽじょうみん》は、一二五九年（正元元年）頃に中国へ渡り、杭州の径山《きんざん》万寿禅寺で松源派の虚堂智愚《きどうちぐ》の法を嗣いだ。日本では南浦を祖とする一派を彼の国師号「大応国師」にちなみ「大応派」と呼ぶが、中国禅宗の法系から見れば、松源派の禅僧ということになる。以後は彼の門派に言及する場合、必要に応じて「松源派（大応派）」のように表記しよう。

日本へ帰国した南浦は、一時、筑前早良の姪浜興徳寺に滞在したが、一二七二年（文永九年）には大宰府崇福寺へ移った。その後、一三〇四年（嘉元二年）には京都へ去るが、それまでの約三三年間を崇福寺に滞在し、松源派（大応派）の教線拡大に努めている。ちなみに、京都移錫後の南浦の門下からは、大徳寺を開いた宗峰妙超《しゅうほうみょうちょう》や妙心寺《みょうしんじ》を開いた関《かん》山慧玄《ざんえげん》をはじめ、一休宗純《いっきゅうそうじゅん》や江戸時代の沢庵宗彭《たくあんそうほう》など、名僧らが陸続と輩出されたことはよく知られたところである。南浦が滞在した大宰府崇福寺は、はじめ破庵派（聖一派）円爾の弟子たちが居住していたが、これが契機となり、以後は松源派（大応派）の本拠寺院へと衣替えした。

話をもとにもどそう。南北朝時代の博多に目を向ければ、この南浦紹明の弟子たちが活発な活動を開始していた。当時、南浦門下の勢力は全国へと拡大し、博多はもちろんのこと、兵庫、京都、堺などの各都市、さらには尾張や鎌倉などへも広がりつつあった。各地の末寺は博多を中心に大陸貿易と深い関わりをもちながら相互に深く結びついていたことが特色であるが[6]、博多松源派（大応派）の特色としてはさらに、九州南朝方と深い結びつきのあったことも指摘することができる（後述）。

南北朝期の妙楽寺

さてそれでは、南北朝期の博多における松源派（大応派）の展開を、とくに妙楽寺に焦点を据えて概観してみよう。

一三四六年（正平元年・貞和二年）、南浦の法嗣《はっす》月堂宗規《げつどうそうき》が開山となって博多息浜《おきのはま》に妙楽寺が建立された。妙楽寺は現在も存在するが、当時は現在地（博多区御供所町）よりさらに海側、那珂川《なかがわ》下流の右岸あたりに位置していた。同寺は博多居民によって建立されたとする所伝をもつが、博多居民を博多商人の意にとれば、その真偽はともかく、実態的には確かに同寺の特色を言い当てたものである。

南北朝期の同寺は日中交流の拠点として繁栄しており、当時、禅僧の間では「寺は遺唐（明）使の駅（宿泊所）たり」（天隠龍沢《てんいんりゅうたく》『黙雲集』）と評されていた。

同寺内に建立されていた呑碧楼《どんぺきろう》と呼ばれる楼閣建築は、日・元を往来する禅僧らの間ではとくに著名であった。呑碧楼は、同寺三世の住持であった無我省吾《むがしょうご》が師の月堂の休息所として建てたもので、この楼閣に寄せて胡惟庸事件に連座して獄死した見心来復《けんしんらいふく》が「石城山呑碧楼記」[7]を著している。同書によれば、呑碧楼は海上に突きでた風雅な建築物で、楼閣内部の壁面には元・明・日本の諸禅僧の題詠がかけられていた。まさに、日中交流のシンボル的建築物であったと言えるだろう。ちなみに、川添昭二氏は、この呑碧楼が博多湾に入港する船舶の灯台のような役目を果たしたのではないかと推定している(8)。

一三七二年（洪武五年・応安五年）、明の洪武帝は征西府懐良親王を授封するための明使を派遣したが、先にも述べたように、彼らは博多を制圧していた今川了俊により聖福寺に留め置かれることとなった。翌年、明使一行は交渉相手を北朝へ転換し、入洛を果たすことになるが、この間、明使と日本の禅僧の間でさかんに詩文や書簡のやりとりが行われている。当時、管領細川頼之と対立して丹後に隠退していた春屋妙葩らとの詩文や書簡を集めた『雲門一曲』はとくに著名であるが、ここ博多の地においても、妙楽寺禅僧との間で詩の応答が行われた。これらの詩は『石城遺宝』の名で今に伝えられている。ちなみに、明使一行が聖福寺に抑留されていたとき、同寺住持は松源派（大応派）の象外宗越《ぞうがいそうえつ》であったようだ。「円通大応国師塔銘」（『続群書類従』第九輯上、巻二二九）の末尾に「時に応安五年、歳次壬子冬十二月十五日、筑州聖福禅寺住持、法孫比丘宗越（象外宗越）、同助す」とあることからわかるのである。彼は妙楽寺の開山である月堂宗規の弟子で妙楽寺住持の経歴もあったから、彼を通じて明使一行と妙楽寺僧との交流が深められたのであろう。

同寺の対外交流を窺わせる遺品は、そのほかにもいくつか現存している。京都南禅寺《なんぜんじ》には、北宋・南宋・元・高麗・日本の諸版や写本を合わせた大蔵経が伝えられている。これは、もと兵庫県神戸市に所在する南禅寺末寺の禅昌寺という寺にあったが、江戸時代の初め（慶長末年）に南禅寺へ移管されたものである。同経の奥書には、一三九四年（応永元年）、「鎮西筑前州博多津」に居住する「沙弥慶安」なるものが、禅昌寺に元版大蔵経の一部を施入したと記されている。禅昌寺は松源派（大応派）の月庵宗光《げったんそうこう》の建立寺院であるので、慶安も博多の同派寺院と関係をもつ人物、おそらくは妙楽寺と関係をもつ人物であったと考えられる。在家信者を指す「沙弥」といった表現からわかるように、禅宗寺院と師檀関係をもちながら日元貿易に従事していた博多商人の一人であったのだろう。(9)

そのほか時代は少し降るが、一四二五年（応永三二年）、大宰府崇福寺にいた象先慶初《ぞうせんけいしょ》は尾張妙興寺天祥庵への音信に添えて、「平江條《ひんごうとう》一帯」を贈っている（『妙興寺文書』）。平江は中国江南の都市蘇州のことであるが、この平江名産の條《とう》（腰を束ねる紐）が進物にされているのである。崇福寺・妙楽寺の対外交流を示唆したものとして、これもまた興味深い事実である。

博多禅寺と南朝

南北朝の動乱期、後醍醐天皇は京都の回復を意図し諸皇子を各地に派遣し、懐良親王はその一環として九州に入った。九州での懐良親王は肥後菊池氏を後ろ盾とし勢力を拡大し、一時的ではあったが大宰府を支配下に置き、博多へも相応の影響を及ぼした。大宰府が征西府の支配下にあった時期は、一三六一年（康安元年・正平一六年）から今川了俊により陥落されるまでの約一〇年間であり、この間、征西府は博多を掌握し、明とも交渉をもっている。一三六九年（洪武二年・応安二年）と翌七〇年（洪武三年・応安三年）の両度にわたり明からの使者をうけた懐良親王は答礼使を派遣し、これにより洪武帝は懐良親王を「日本国王」に封ずることに決定した（既述）。

このようないきさつを背景に、博多の代表的禅院である承天寺や妙楽寺と南朝の間には親密な関係が形成された。次にこの点について述べておこう。

まず承天寺であるが、これについては川添昭二氏が指摘した次のような事実がある。(10)川添氏によると、征西府の博多支配の拠点は承天寺塔頭の釣寂《ちようじやく》庵であったようで、征西府の行っていた対外交渉などに関する外交事務も同寺でなされていた。阿蘇家文書（正平二四年一一月日阿蘇惟武申状案写）には、

（正平一〇年）、承天寺釣寂庵に於て、饗庭修理入道々哲奉行として、叡覧に達し訖んぬ、且つ（先）皇の御代、去る元弘三年四月三日、伯州船上より下さるる綸旨、同八月六

日、同十月二日、京都に於いて下さるる綸旨、幷に（正平二）年十月十九日、吉野殿よりの綸旨、同十一月四日の令旨など也、この外は追て言上せしめん、先づ五通之を進上す

とあり、征西府の支柱である少弐頼澄の家臣饗庭《あえば》道哲《どうてつ》が承天寺釣寂庵で政務をとっていたことを知ることができる。これを契機として、承天寺と南朝方の結びつきが深まったことは間違いないだろう。

同様なことは、大宰府崇福寺や博多妙楽寺を本拠とした松源派（大応派）寺院についても指摘できる。

一三七〇年（正平二五年）、崇福寺の正宗心樹《しょうしゅうしんじゅ》は、肥後（御船町）の東禅寺を中興しているが、同寺の釈迦如来座像の墨書銘には、(11)

正平廿五年庚戌の年、当山中興正宗心樹和尚、尊像を造体奉り畢んぬ

と記されている。南朝年号「正平」で表記されていることから考えて、肥後東禅寺が当時南朝方の寺院であったことがわかる。御船には大宰府崇福寺の有力檀越であった少弐経資

の子資時が下向居住しており、御船少弐氏と呼ばれていた。正宗心樹が東禅寺を中興した時期、墨書銘によれば、同寺旦那は「大檀那武藤霜台経□」という人物であったことがわかるが、「武藤系図」（『続群書類従』六輯上）によれば資時の子に経藤という人物がいる。あるいは同人に比定できるのかもしれない。おそらく御船少弐氏の招請により、崇福寺僧が肥後へ出向き、南朝方の禅寺東禅寺の中興がなされたと考えられる。

また、南朝方菊池氏との関係では、以下のような直接的な事実を指摘することもできる。第一に無我省吾との関係である。妙楽寺三世であった彼は、一三四八年（貞和四年）と一三六三年（貞治二年）に二度の入元を行っているが、最初の入元では、菊池武光が護送の任をとったとする史料が残されている（『一心妙戒教』付録「大明勅贈菩薩無我省吾禅師行実」[12]）。また武光は一三五〇～六〇年頃かと推定されるが、菊池に正観寺《しょうかんじ》を建立し、博多聖福寺から松源派（大覚派）の大方元恢《たいほうげんかい》（秀山元中法嗣《しゅうざんげんちゅうはっす》）を迎えた。[13]『延宝伝灯録』（巻一七「肥後州正観寺大方元恢禅師」）によれば、この正観寺の檀那は武光および懐良親王であったと記されている。

さらに、博多からは少し離れるが、佐賀県鳥栖市萬歳寺の開山となった以亨得謙との関係も推定される。同寺には、円相像の古例で、元代の江南文人社会の雰囲気を伝える作品と評価される[14]見心来復の肖像画が残されている。見心は、前述したように胡惟庸事件に連座し獄死した僧で、妙楽寺の呑碧楼に寄せて「石城山呑碧楼記」も著していた。この肖像画は、一三六五年（至正二五年）、在元中であった萬歳寺開山の以亭得謙が、師の肖像画を中国の画家に描かせて日本へもち帰ったものである。以亭は見心の日本における唯一の弟子であるが、菊池氏との関係も深かったようである。萬歳寺開山となる以前の一三七八～七九年（永和四～五年）頃、彼が開いた肥後の国泰寺は[15]『肥後国誌』によれば合志郡に所在した。国泰寺の詳細が不明であるので断言はできないが、菊池氏の勢力範囲内であった合志郡に建立されたことから考えると、おそらく菊池氏の保護を得た寺院であったのだろう。

先に、胡惟庸謀反事件に連坐して破庵派や松源派の禅僧らがとくに厳しい処罰を受けたことを述べた。胡惟庸事件が九州南朝勢力との絶縁に利用されたとする説などを踏まえるならば、博多における破庵・松源両派が九州南朝勢力とこのように親密な関係にあった点を、厳しい処罰のなされた理由のひとつとして指摘できるかもしれない。

コラム５＊新安沖沈船の発見

一九七六年、大韓民国の全羅南道新安沖合の海底から一隻の沈没船が発見された。いわ

図12　新安沈船の復元模型

ゆる「新安沖沈船」である。全長約三〇m、最大幅約九mの規模をもつ船であったが、海底泥層がクッションの役割を果たしていたため、積み荷も大部分無傷のままという幸運な状態での発見であった。この発見は韓国のみならず日本・中国の考古学会・歴史学会に大きな話題を提供したが、引き上げ作業の結果、次のような点が明らかになった。

①積み荷の約九割は中国製の陶磁器類である。②同船は中国の明州（寧波）で貨物を積載し日本へ向かう途中に難破した。③沈没の時期は積載荷の荷札墨書銘に記された「至治三年」（一三二三年）と推定される、などであった。さらに同船については日・中・韓いずれの国が派遣したのか、という点にも大きな関心が寄せられていたが、「東福寺」「釣寂庵」などの荷札が発見されたことにより、④京都の禅宗寺院東福寺および福岡市博多の承天寺、筥崎宮などが輸入元となり中国（元）へ派遣した貿易船であったことも判明した。

　鎌倉時代末期から南北朝時代にかけての時期は、いわゆる「寺社造営料船」と呼ばれる船が頻繁に日・元間を往来していた。寺社の造営・修理費用を捻出するために派遣された一種の貿易船である。南北朝期、京都天龍寺《てんりゅうじ》を造営するために元へ派遣された天龍寺船はとくに有名であるが、それ以前にも、鎌倉の勝長寿院や建長寺《けんちょうじ》造営料船、鎌倉の大仏造営料船、摂津住吉神社造営料船などが計画、あるいは実施されている。「新安沖沈船」もそのような船の一種であったと考えられるが、このような貿易船は博多居住の中国人商人の貿易活動に便乗するかたちで派遣されており（村井章介「日元交通と禅律文化」『南北朝の動乱』日本の時代史一〇所収）、同船の場合は、とくに一三一九年（元応元年）火災にあった東福寺の再建に関連したものではなかったかと推測されている（川添昭二「鎌倉末期の対外関係と博多」大隅和雄編『鎌倉時代文化伝播の研究』所収）。

図13　新安沈船より引き揚げられた木簡

「新安沖沈船」の発見によって、これまで文献からは見えにくかった東福寺の対外交流や貿易活動の実態が具体的なかたちで示されたが、これに関連して注目される禅僧に蔵山順空《ぞうざんじゅんくう》がいる。蔵山は、九州地方では肥前の高城寺を開山した僧として馴染み深いが（拙著『九州中世禅宗史の研究』第三章第一節「肥前高城寺の建立」）、博多では承天寺、また京都東福寺などの住持もつとめ、博多・京都の両地で活躍した円爾門下の禅僧である。一二六二年（弘長二年）頃に入宋し、浙江省杭州府の径山万寿寺をはじめ越州の東山雲門寺、明州の天童山景徳禅寺などを巡歴し、一二六九年（文永六年）頃帰朝した。一三〇八年（延慶元年）に死去すると、塔頭永明院が開創された。

一九七九年（昭和五四年）、京都国立博物館はこの永明院開山堂の発掘調査を行ったが、その際、蔵山の墓所の石室内の埋土から宋代の青磁香炉（胴部の長径一一・五㎝、高さ一〇・六㎝）が発掘された。香炉は当初の副葬品と考えられており、六角形の胴部に双耳をもつ器形で、胴部は六区に区分され、各区には花文が陽刻されている。注目すべき点は、「新安沖沈船」の遺物からも、これと非常によく似た器形の香炉が発見されている事実である。前述したように、蔵山は入宋中に浙江省所在の禅寺を広く巡歴しており、明州にも滞在している。したがって、副葬品として発掘された香炉も、彼が入宋中に手にいれた品であったと考えてよいのかもしれない。ちなみに村井氏は、肥後の菊池氏が保護した大智（広福寺開山）もこの沈船に搭乗していたのではないかと述べている（村井章介「看板としての寺社造営料唐船」『東アジアのなかの日本文化』）。

2　播磨・兵庫における禅宗の展開

播磨における破庵派（聖一派）の展開

播磨国では鎌倉時代末期の永仁年間、東福寺開山円爾の法嗣潜渓処謙《せんけいしょけん》により姫路市平野に法覚寺（宝光寺とする説もあり）が建立されるが、以後、南北朝時代初めまでの三〇～四〇年間に約四〇カ所の禅宗寺院が建立されたと伝えられている。『峯相記』（『続群書類従』第二八輯上、巻八一六）には、

当国（播磨国）ニ禅院ノ始ル事ハ、永仁ノ末ノ比、東福寺門徒潜渓国師、平野ニ法覚寺ヲ建立ス、是始也

とあり、これに続き播磨国内に次々と禅寺が建立されていった様子が記されている。

石田善人氏（『兵庫県史』通史編第二巻）は、これら約四〇カ所の寺院のうちの大部分が東福寺系の寺院であったと推定し、そのような急激な東福寺系勢力の拡大の背景として、書写山僧の経歴をもち、のちに円爾の法嗣となった月船琛海《げっせんしんかい》の存在に注目した。

月船は一二三一年（寛喜三年）に播磨国加古郡に生まれ、はじめ書写山の僧になったが、のち上野国世良田長楽寺の一翁院豪《いちおういんごう》に参禅し、その後東福寺の円爾の門下に入った。彼は円爾より台密蓮華院流の伝法灌頂もうけた密教的色彩の強い僧であり、一三〇〇年（正安二年）には故郷の書写山で大々的な灌頂《かんじょう》法会を挙行している。彼の死後、書写山には塔頭正覚院が建立され、播磨国内の禅宗はこの正覚院を中心とする書写山禅宗と緊密な連携をもって広がっていったと説くのである。

石田氏の指摘した播磨国内の、以上のような状況は確かに存在したであろう。しかしながら、それに加えて本書では博多禅宗との関係も指摘しておきたい。前述したように、鎌倉期の博多においては破庵派（聖一派）の著しい展開があり、活発に大陸貿易を行っていた。博多に流入した大陸の文物は、当時は兵庫を経由して京都に運び込まれていたのであるが、このルートに沿って多数の聖一派禅僧も往来していたのである。

たとえば、播磨最初の禅寺と伝えられる法覚寺の開山潜渓処謙は、博多の承天寺一一世住持であり、東福寺一三世住持の経歴も有していた。また加東郡東条町の安国寺を開山した固山一鞏《こざんいっきょう》にしても、承天寺の一六世、東福寺では二二世住持であった。彼らが博多・京都間を往来する禅僧であったことは見逃せない。おそらく、そのような状況を背景として、東福寺聖一派の禅宗は鎌倉末期の播磨国内へ広がっていったと考えられるのである。

ところが、このような状況も南北朝時代に入ると一変した。たとえば兵庫の近辺では、松源派に属する大覚派、燄慧《えんね》派、大応派などの展開が顕著になるのである(16)。

まず、正安年間（一二九九〜一三〇二）、松源派（大覚派）の約翁徳倹《やくおうとっけん》が福厳寺（兵庫区門口町）を開山する（これは名義上の開山で、弟子の拍岩可禅《はくがんかぜん》が実質的な開山）。兵庫商人かと思われる笑岩徳三居士が開基となったが、その後同寺には約翁の弟子たちが代々入寺し、同派拠点寺院として繁栄した。松源派（大覚派）はそのほかにも、応安年中（一三六八〜七五）に頑石曇生《がんせきどんしょう》が範国寺（兵庫区三川口町）、永和年間（一三七五〜七九）に仲方円伊《ちゅうほうえんい》が龍昌寺を建立している。

また、これより先、一三三〇年（元徳二年）には、同じ松源派（燄慧派）の来朝僧明極《みんき》楚俊《そしゅん》が広厳寺（中央区楠町）を開山した。開基は赤松範資（『太清和尚語録』）である。さらに貞治年間（一三六二〜六八）には、山名時熙の保護により月庵宗光《げったんそうこう》（大応派）が禅昌寺（須磨区禅昌寺町）を開山している。

以上のように、兵庫近辺では南北朝期以降、松源派に属する大覚派、燄慧派、大応派などの展開が顕著となった。先に南北朝期の博多においては松源派（大応派）の活動が活発となることを述べたが、兵庫の動向もこれに連動したものであったと考えられる。摂津・播磨の守護であり兵庫とも深い関係をもっていた赤松氏が、次に述べるように、保護する門派を聖一派から松源派（大応派）・曹源派（一山派）へと変えたのもこの頃のことであり、この状況と無関係ではない。

赤松氏の禅宗受容

赤松氏の禅宗受容で直ちに想起されるのは、松源派（大応派）宗峰妙超との関係である。京都大徳寺の開山となった宗峰妙超は、浦上一国（覚性）の子で、母は赤松則村円心の姉と言われているが、明確なところは不明である。はじめ書写山で律や戒法を学んだが、のち大応派の祖南浦紹明に参禅し彼の法を嗣いだ。この頃、南浦は後宇多上皇の招請をうけて大宰府崇福寺から上京し、京都の安井にいたのである。宗峰の大徳寺（庵）開山について、竹貫元勝氏は、『宝山編年略記』や『妙心寺誌《みょうしんじ》』などの説を援用して、赤松円心・則祐父子からの援助を推測した。叡山の勢力の所在する紫野の地に大徳寺を開くに際し、叡山側から目立った迫害や妨害がなかった理由を、赤松氏を介して宗峰と梶井門跡あるいは叡山側との間に友好的関係が形成されていたためであろうと述べている[17]。従うべき見解であろう。

しかしながら、赤松氏の松源派（大応派）保護については不明な部分も多い。播磨国内での実態など今ひとつわかりにくいのが現状である。現存する史料から考えた場合、あるいは播磨国内での松源派（大応派）保護という事態には至らなかったのではないかとも考えられるが、一方の曹源派（一山派）に対する保護については、実態がかなり明確になる。高坂好氏の研究[18]を導きとして、次に見てみよう。

一三三七年（建武四年）七月、赤松円心は現在の赤穂郡上郡町に法雲寺を建立し、雪村《せっそん》友梅《ゆうばい》（曹源派一山派）を招請した。円心は、はじめ聖一派の大朴玄素《たいぼくげんそ》（欽叟玄江法嗣《きんそうげんこうはっす》）を開山に招請しようとしていたらしい。播磨国内における聖一派全盛の当時の状況から見れば、これは当然の選択であった。だが、大朴が円心の招請を断り円応寺の開山となったため、代わって雪村が招請されることになった。円応寺は佐用郡佐用町に寺跡が所在し、『蕉堅稿』所収の絶海中津江湖疏によれば、赤松氏一族の宇野氏が建立した寺であったようである。円心の雪村招請というものは、このように偶然の産物であったかのごとく伝えられているが、実際はかなり意図的に行われたのではなかろうか。以後の赤松氏の雪村門派に対する厚い保護の様子を見ても、そのように思われるのである。ともあれ、円心の時期に聖一派から一山派へと、保護する禅宗宗派の切り替えがあったことは確かである。

赤松氏による雪村門徒の保護が本格化したのは、次の則祐の時期であった。則祐は、貞和年中（一三四五～五〇年）、宝林寺（赤穂郡上郡町）を建立し、雪村の法嗣である大同啓初《だいどうけいしょ》を招請した。一三六七年（貞治六年）、則祐の定めた「宝林寺条々」には、「本寺ハ乃チ開山雪村和尚ノ門徒ノ寺トナス」の文言、あるいは「則祐ノ遺跡相続ノ仁、後々末代為リト雖モ、開山ノ門徒トシテ当寺ノ檀那タルベシ」などの文言があり、同寺が雪村の門派僧のみが居住できる寺院（度弟院《つちえん》）であったことがわかる。法雲寺および宝林寺の両寺は、このの ち雪村門徒の国内拠点寺院として発展し、寺格も法雲寺が諸山、宝林寺は十刹《じっさつ》へと昇位していった。

以上のように、南北朝期を境として赤松氏の保護は聖一派から一山派へと変化した。従来、このことのもつ意味を考えてみることはとくになされなかったようであるが、これについて少し私見を述べておこう。結論的に言えば、これは赤松氏の中国禅宗界への敏感な対応であったと思われるのである。

雪村の所属門派である一山派というのは虎丘《くきゅう》派曹源派に属する門派であり、その限りでは中国禅宗界で勢力をもちつつあった大慧派とは別門派である。だが雪村の属する一山派の派祖一山一寧が、曹源派元極行彌《がんきょくぎょうみ》に法を嗣ぐ以前に大慧派の無等慧融《むとうえゆう》によって出家したという経歴もあって、大慧門派とはかなり親しい関係にあった。また雪村自身も、入元中に大慧派の元叟行端《げんそうぎょうたん》や晦機元熙などと親交をもっていたことがわかる。赤松氏の同派保護も、おそらくそのことと無関係ではないように思われる。次のような事実があるからである。

則祐の十三回忌にあたって、彼の帰依していた太清宗渭《たいしんそうい》（雪村友梅法嗣）は、法会の法語の中で、「（則祐は）宝覚（雪村友梅）に参見し、深く心宗（禅宗）を信じ、大恵（大慧宗杲）の書を常に自ら看読」していたことを述べており、則祐の日常的愛読書が大慧宗杲の書であったことを知ることができる。また則祐は臨終の際に、「時に山僧（太清宗渭）、病を問ふ、至れば余の言を乞う、大恵書の一段を講説す」と、「大恵書」の講説を太清に求めたことも述べている[19]。以上のような事実から考えれば、則祐の一山派保護とは大慧派接近の側面を有するものでもあった、と言えるだろう。ちなみにこの一山派は、相国寺においては僧録を補佐する副僧録としての地位（蔭凉職）を獲得し、同寺内に独自の立場を築いていくことになる[20]。

博多とならぶ国際的な港湾都市であった兵庫や播磨国内には、博多同様、中国禅宗界の動向はいち早く伝わっていた。幕府要職を歴任し京都の動向にも敏感であった赤松氏は、先に述べたような内外の動向に敏速に反応し、大慧派に対する独自のコネクションを形成し始めていたのではないだろうか。

註

（1）稲葉伸道「大須観音宝生院真福寺文庫所蔵『因明三十三過記』紙背文書――栄西自筆書状の出

現――」(『愛知県史研究』七、二〇〇〇年三月)、米田真理子「真福寺大須文庫蔵『改偏教主決』に見る栄西の九州での活動」(『栄西と中世博多展』所収、福岡市博物館、二〇一〇年)。

(2) 藤田明良「南都の唐人」(『奈良歴史研究』五四、二〇〇〇年)、横内裕人「重源における宋文化――日本仏教再生の試み――」(『アジア遊学』一二二、二〇〇九年)など。

(3) 菅原昭英「江南禅林の日本志向」(『宗学研究』三二、一九九〇年三月)。

(4) 榎本渉「宋代の「日本商人」の再検討」(『東アジア海域と日中交流』所収、吉川弘文館、二〇〇七年)。

(5) 榎本渉「「板渡しの墨蹟」と日宋貿易」(四日市康博編著『モノから見た海域アジア史』所収、九州大学出版会、二〇〇八年)、同「「板渡しの墨蹟」から見た日宋交流」(『東京大学日本史学研究室紀要』一二、二〇〇八年三月)。

(6) 拙著『九州中世禅宗史の研究』(文献出版、二〇〇〇年)第二章第二節「博多妙楽寺と商人たち」、第三節「大応派横岳派の展開と大徳寺派の堺進出をめぐって」。

(7) 広渡正利編著『石城遺宝』(文献出版、一九九一年)、玉村竹二編『五山文学新集』別巻一(東京大学出版会、一九七七年)「詩軸集成」などに所収。

(8) 川添昭二「南北朝期博多文化の展開と対外関係」(平成元年度科学研究費補助金総合研究(A)研究成果報告書『地域における国際化の歴史的展開に関する総合研究――九州地域における――』、一九九〇年三月)。

(9) 前掲、拙著『九州中世禅宗史の研究』第二章第三節「大応派横岳派の展開と大徳寺派の堺進出をめぐって」。

(10) 川添昭二「鎌倉末期の対外関係と博多」（大隅和雄編『鎌倉時代文化伝播の研究』所収、吉川弘文館、一九九三年）。
(11) 『新熊本市史』（熊本市、一九九八年）八七〇頁。
(12) 佐藤秀孝「入明僧無初徳始の活動とその功績――嵩山少林寺に現存する扶桑沙門徳始書筆の塔銘を踏まえて――」（『駒沢大学仏教学部研究紀要』五五、一九九七年三月）。
(13) 前掲、拙著『九州中世禅宗史の研究』第二章第四節「曹洞宗禅僧の対外交流」、橋本雄「肥後地域の国際交流と偽使問題」（『中世日本の国際関係』所収、吉川弘文館、二〇〇五年）など参照。
(14) 井手誠之輔「萬歳寺の見心来復像」（『美術史』三五―一、一九八六年一月）。
(15) 荻須純道『日本中世禅宗史』（木耳社、一九六五年）一四頁。
(16) 伊藤幸司「中世日本の港町と禅宗の展開」（歴史学研究会編『港町の世界史三　港町に生きる』所収、青木書店、二〇〇六年）。
(17) 竹貫元勝『宗峰妙超』（ミネルヴァ書房、二〇〇八年）。
(18) 高坂好『中世播磨と赤松氏』（臨川書店、一九九一年）。
(19) 高坂好「赤松則祐の臨終について」（前掲『中世播磨と赤松氏』所収）。
(20) 玉村竹二「蔭凉軒及び蔭凉職考」（『日本禅宗史論集』上巻所収、思文閣出版、一九七六年）、同「一山派について」（『臨済宗史』所収、春秋社、一九九一年）参照。

終章　国交断絶

1　国交断絶の背景

国交断絶の経緯

室町幕府第四代将軍の足利義持は、父義満の開始した日明貿易を中止した。その事実はよく知られている。ただ、彼が嫌っていたのは日明貿易そのものではなく、朝貢を媒介とした貿易の形態であったという点は、十分留意しておくべきである。もしかりに、朝貢関係を媒介とすることなく日明間の貿易が可能であったとすれば、彼はおそらく明との断交を決意することはなかったろう。だがそれは現実にはむろん不可能なことであった。とすれば、断交ののち、これを補う意味から彼が朝鮮交易の比重の増大を意図したことは納得できるし、事実そのような展開へと推移した。田村洋幸氏の研究(1)によれば、義持は生涯八回の朝鮮通交を行っており、それは義満の一〇回（義満の通交回数には朝鮮からの遣使に対する回礼使の数が多く含まれているので、自発的な遣使の数を問題にするとすれば、多少割り引いて考える必要がある）に次ぐ回数である。[2] ただし、この点についてはのちに再び触れるとして、それでは義持が明との断交を決意したのはいったいいつ頃からであり、それはどのような時期であったのか、まずこの点から考えてみよう。

一四〇八年（応永一五年）、義満が死去すると、義持は堅中圭密を明に送って父の死を報じた。翌年この使者は明の冊封使をともなって帰国するが、さらに一四一〇年（応永一七年）四月以前に堅中を再び明へ派遣している。したがって、この頃までは義持に断交の意志はなかったと考えてよいだろう。

ところが、翌一一年、堅中が明使王進をともなって帰国すると、義持の態度は一変していた。使者の入京を拒み、九月には兵庫から追い返したのである。断交の決意はこの間に固まったと考えられるが、それは死去の日まで揺らぐことはなかった。一四一八年（応永二五年）、および翌一九年の両度明使が来日するが、いずれも兵庫より帰国させられている。

よく知られた史料ではあるが、断交の決意を述べた彼の書を次にあげておく（『善隣国宝記』）。本史料は、一四一九年（応永二六年）、兵庫福厳寺で待機していた明使の呂淵と折衝した元容周頌《げんようしゅうじゅ》に与えられた書であり、明使に伝えるべき内容が記されている（田中健夫編『善隣国宝記・新訂続善隣国宝記』の読み下しによる)。

征夷大将軍某、元容西堂に告ぐ、今大明の使臣有り、来たりて両国往来の利を説く、然れども大いに不可なるもの有り、本国は開闢《かいびゃく》以来百皆諸神に聴く、神の許さざる所は、細事と云うと雖も、而も敢えて自ら施行せざるなり、頃年わが先君左右に惑わされ、肥官《(富)》口弁の愆《あやまち》を詳にせず、猥りに外国船信の問を通ず、自後神人和せず、雨暘《うよう》序を失い、先君尋てまた殂落《そらく》す、其の簀《さく》を易《か》うる際、冊書を以て諸神に誓い、永く外国の通問を絶つ

この書の内容は以下のようなものである。父義満は、博多商人肥富らの口車に乗せられ明との国交を開始した。だがそれは日本の神々の意に背くものであったため、国内では天候不順が続き、義満自身もついに命を落としてしまった。このため義満は、臨終の際、明との断交を諸神に誓ったというものである。断交の理由としてあげられているのは、明との通交が日本の神々の意志に反するという点である。義持は確かに神仏崇敬の念が強かった。断交の決意にそれが微妙に影響したとしても不思議ではない。だが臨終の際に義満が明との断交を諸神に誓ったという部分は明らかな虚構であるし、断交の理由についても、

やや唐突の感があることは否定できない。とすれば、彼の決断の背景についてはここでもう一度検討してみる必要があるだろう。

ところで、この点について従来は次のような説明がなされてきた。まず父義満の外交に対する公家などからの批判を考慮したためという説[3]。

公家などからの批判は、確かに義満生前の頃から存在していた。この時期に根強く存在していたことは十分考えられる。だがかりにそうであったとしても、それがなぜこの時期に断交の決断に結びつくのかという点は、改めて考慮されなければならない。

これに関連して、一四一〇年（応永一七年）五月に幕府の重臣斯波義将が死去したことを指摘する説がある[4]。五山僧との交流が深かった斯波義将は義満の推進していた日明外交にも積極的であった。義持初期の外交政策は実は義将の政策に沿うものであり、彼の死によって幕府の外交政策の転換がようやく可能になったと説くのである。

断交の背景として、そのような状況を想定してみることに全く異論はない。しかしながら、繰り返しになるが、義持に断交を決断させた要因は果たしてそれだけであろうか、それ以外に検討すべき問題は残されていないかと言うと、そう言い切ることに躊躇を覚えるのである。

これらの説を踏まえた上で、私見から先に述べておこう。義持のこの決断に対しては、当時、朝鮮貿易を進めていた大内盛見の影響を考慮する必要がある。そして両者を接近させ、前述の方向へ義持を向かわせた陰の仕掛け人は、実は側近の禅僧らではなかったか、そのように思われるのであるが、以下順を追って説明しよう。

義持と盛見の交流

応永の乱で義弘が敗死した後、大内氏内部では盛見と弘茂の間で家督をめぐって対立が生じたが、結局盛見が惣領権を獲得し、幕府（義持）との関係改善に乗り出した。一四〇九年（応永一六年）冬、上洛した盛見は、一四二五年（応永三二年）に京都を発するまでのおよそ一六年間、義持友社（五山文学を中心とした禅僧・上級武士らの交流のサークル）の一員として、義持および五山僧らと親しく交流している。[5] 次のような状況であった。

同年冬、上洛した盛見は、

道雄（盛見）、去冬（応永一六年）入京す、以てわが国の新主（義持）の即位を致す、国主挽留《ばんりゅう》し、未だ即ち回《かえ》ること能わず（「不二遺稿」下巻書問、『五山文学全集』第三巻）

と、義持の将軍就任を賀したのちも帰国することなく、そのまま京にとどまることになった。義持の熱心な在京要請に応じたものである。先に、義持の断交の決意が一四一〇年（応永一七年）から翌一一年の間になされたことを述べておいた。それがまさに盛見の上洛直後の時期であったことに、取りあえず注目しておきたい。

このように、上洛当時から盛見と義持の間には親密な関係が形成されていたが、以後両者の関係はさらに親密なものとなり、それにつれて義持の大内邸への御成《おなり》（訪問）も頻繁になった。

たとえば、一四一二年（応永一九年）には二回、一三年にも二回、一四・一五・一八年に各一回の御成が史料上確認される。盛見の造営した京都大内屋敷の飛泉亭には、義持が自ら書した扁額が掲げられており、義持や禅僧らとの文雅交流の場になっていた（『東海橘華《けいか》集』三「飛泉亭詩後叙」）。また義持は出家するに際してごく親しい人々にのみ謁見を許しているが、そのメンバーには管領畠山満家・細川満元・山名時熙・赤松義則らとともに、この盛見も加えられていた（『満済准后日記』応永三〇年四月二五日条）。以上のように、義持・盛見の親密な関係を示した逸話は、枚挙にいとまがない。

ところで話は少し変わるが、明との断交が現実化した場合、義持にとって解決すべき問題のひとつに次のようなものがあったことは間違いない。これまで日明貿易によって得られていた物資を、以後どのようなかたちで確保するかという問題である。もしも朝鮮交易がその代替手段になるとすれば、義持の決断はかなり楽なものになったのではないだろうか。そのように考えた場合、盛見との出会いには大きな意味があった。これによって、義持は、朝鮮交易についての確信を得たように思われるからである。次のような事実がある。

大内氏の朝鮮交易は義弘の時期にはじまっているが、盛見の時代にはとくに頻繁に行われていた。崇仏の念の強かった義持にとって熱望の品であった大蔵経（一切経とも呼び、仏教の典籍を集成したもの）も、盛見一代のうちに、一四〇七年（応永一四年）を初回として少なくとも四部の輸入に成功している。そのような盛見の朝鮮交易において、当面する問題との関係でとくに注目されるのが、一四一一年（応永一八年）の遣使である。この年、義持および盛見はともに朝鮮へ使節を派遣し、大蔵経を求めたのである（『太宗実録』）。

（十一年《（一四一一年）》冬十月己丑朔）己酉《（二十一日）》、日本国王《（義持）》の遣使来たりて、土物を献じ大蔵経を求むる也、大内殿多多良徳雄《（盛見）》の遣使来たりて、輿及び兵器を献じ亦以て大蔵経を求むる也
（十二月丁亥朔）日本国王使及び大内殿使人還るを告ぐ

この史料から明らかなように、義持と盛見の使者は同日に朝鮮に到着している。大蔵経

の輸入を目的としたもので、帰国も同時期であった。おそらく、大内氏の使者は義持の使者に同行したものであったのだろう。とすれば、両者は派遣のための綿密な検討を重ねたであろうが、その時期が盛見の上洛以後、朝鮮に遣使が到着した一四一一年（応永一八年）一〇月以前の時期であったことは間違いない[6]。そしてもしこの推測に大過ないとすれば、この時期こそまさに義持が断交の決断を固めた時期であったという事実を想起しなければならない。義持の決断と朝鮮への遣使計画は表裏一体に進められ、それを促したのが盛見であったと考える理由もそこにある。おそらく盛見は義持に朝鮮貿易の利を説き、それが義持の決断へと繋がったのではないか、そのように考えられるのである。

ともあれ、義持の決断に朝鮮貿易が深く関わっていることだけは明らかになった。しかしながら、義持決断の要因を盛見との関係からだけ考えるのでは、実のところまだ不十分のようである。両者を結びつけ、義持を朝鮮交易へと大きくシフトさせた仕掛人がほかにもいるのではないか、さらに検討する必要がある。この点について、取りあえず私見から述べておくとすれば、おそらくそれは彼らに近侍した禅僧らであったのだろう。彼らの周りには大慧派・夢窓派から一定の距離をもつ破庵派・松源派禅僧が近侍していた。そしてその門派の供給源のひとつであった博多の禅寺は、この頃、通交の相手国を明から朝鮮へと大きくシフトさせつつあったのである。

2　義持・盛見と禅僧

義持が帰依した禅僧たち

玉村竹二氏によれば(7)、義持は、「ただ禅宗のみを純一に信仰した人」であり、しかも夢窓派偏重の五山の改革を企てた人であった。たとえば、夢窓派の度弟院（開山住持の門派僧のみが住持職を務めることのできる寺院）である相国寺に松源派（篏慧派）の惟肖得巌や破庵派（聖一派）の東漸建易などの名匠を招いて十方住持《じっぽうじゅうじ》寺院（住持職を特定の門派や法系の僧に限定しない寺院）への転換を図ったことや、弛緩した叢林の規矩（規則）が規定通りに行われるよう指示したことなど、いくつかの事実があげられている。また彼が最も帰依した僧は、義満時代の延長として交遊のあった夢窓派禅僧ではなく、松源派（仏源派）の惟忠通恕《いちゅうつうじょ》と破庵派（聖一派）の大愚《たいぐ》性智《しょうち》であったとも述べている。

義持が夢窓派から一定の距離を置き、「隠遁者」的禅僧を好んだという玉村氏の評価は、おそらく妥当であろう。とくに破庵派への帰依という関係で言えば、玉村氏があげた事実以外にも次の事実を付け加えることができる。

一四一九年（応永二六年）八月二九日、元代の破庵派僧である中峰明本（高峰原妙《こうほうげんみょう》法嗣）

の百年忌が相国寺において開催された。

大唐の中峯和尚の百年忌、相国寺に於いてこれ在り、施主《せしゅ》仁和寺の野僧と云々、中峯和尚の孫弟かと云々、今日転経これ在り、仰せにより予も丁聞《(聴聞)》す（『満済准后日記』）

これによれば、施主（費用出資者）は仁和寺の野僧（田舎僧の意）で中峰の孫弟（法孫《ほうそん》のこと、門流に属する僧）と記されており、満済は義持とともにこれに出席している。義持の意をうけた法会であったと考えて良いであろう。夢窓派は法系的には破庵派に属すが（巻末「関係法系図1・4」）、前述したように（第四章第一・二節）、この時期の夢窓派は破庵派とは袂を分かち大慧派へ接近しつつあった。その夢窓派の本拠相国寺において破庵派禅僧の百年忌が行われたことは、義持の破庵派への傾倒を示す事例として理解されるべきである。さらに施主となった「仁和寺の野僧」については、関係史料などから「有瑞書記」なる禅僧であったことがわかる。彼は博多と関係をもつ破庵派禅僧で、三十三間堂復興の勧進を行い、また一四三二年（永享四年）、義教の遣明船派遣の際には、硫黄の調達などを行い、自身も渡明している。のちにも詳しく述べるが、義持の周囲にはこのような博多関係の禅僧が少なからず存在していたと考えられるのである。

松源派への傾倒という点についても、触れておかなければならない問題がひとつある。義持が松源派（徹翁派《てっとう》）の度弟院である大徳寺に対して十方住持寺院化への圧力を加えたとする玉村説(8)との整合性である。玉村氏は、のちの大徳寺の五山離脱という事態も幕府のこのような圧力が直接的な原因であったと説いている。ただ、大徳寺に対する圧力という点については、近年、斎藤夏来氏により否定的な説も出されており(9)、さらに検討すべき必要があるが、かりに玉村氏の述べる通りであったにせよ、それが直ちに松源派への圧力を意味するものでなかったことは確認しておかなければならない。玉村氏も指摘されたように、松源派（大応派）に属し大徳寺一七世であった大模《だいも》宗範《そうはん》（言外宗忠《ごんがいそうちゅう》法嗣）やその弟子春作禅興《しゅんさくぜんこう》などは義持から厚い帰依を得ていた。義持が破庵派や松源派にかなり傾倒していたことは、否定できないところであろう。

ところで、これと対照的に、夢窓派とは一定の距離を有していた。この点についても次のような事実をつけ加えることができる。

一四一六年（応永二三年）六月一日、義持は突然相国寺内の兵具の捜索を敢行し、これを所持していた僧らを捕らえて処罰している（『看聞日記』）。次の通りである。

抑も伝え聞く、相国寺僧衆、兵具所持せしむる事、然るべからずと云々、御検知のため、室町殿、寺家へ入御、俄に大般若経転読せらるべし、大衆悉く仏殿に集会すべきの由、触れらるるの間、大衆悉く参集す、然る間、その留守に武士を以て「侍所か」、寺中寮々塔頭々々、悉く検知せられ、兵具八十余求め出す、所持の僧三十二人召し捕り、侍所に預けらるる「この内二人武衛（斯波義淳）申し預かると云々、二人侍所より逐電すと云々」、相残る二十八人遠流にせらるべしと云々

つづいて二〇日には、

今日、相国寺人供・行者・下部など百四、五十人、侍所「一色（義範）」召し捕らえると云々、これ僧達の濫行・魚食など不義事とも糺明せられんがため也、人供・下部嗽問せられ、白状につき、僧四、五人また召し捕らえらる、寺家の周章是非に能わずと云々、

と、相国寺の人供・行者・下部などを捕らえ、濫行・魚食など不義を働いている僧たちを尋ね出すという徹底した捜査も断行した。

このような、義持の相国寺に対する厳しい態度は、これまで叢林の綱紀粛正という観点

から論じられてきた。もちろん、義持にそのようなねらいのあったことは否定できない。ややのちのことになるが、一四二二年（応永二九年）、南禅寺の僧侶らが寺内で争い死者を出した際にも、義持は寺僧四八人を捕らえて、寺中の兵具を悉く没収するという措置を講じている（『看聞日記』同年一二月一五日条）。相国寺だけでなく、南禅寺に対してもこのような厳しい対応がなされていることから見ても、先の評価は十分納得できる。

ただ、ここでとくに注意したい点は、このような厳しい措置が相国寺僧に対しても容赦なく行われた点である。相国寺は、義持にとって、もはや不可侵の特権をもつ寺院ではなかったのである。その場合、次のような事実もあわせて想起されるべきであろう。というのは、義満により五山第一位に昇位していた相国寺を、義持が第二位に降格させている事実（『和漢禅刹次第』応永一七年の改定）である。あるいはややのちのことになるが、相国寺住寺玉畹梵芳《ぎょくえんぼんぽう》が寺外へ逐電する事件（『看聞日記』応永二七年五月四日条）があったが、その理由は、義持の飲酒の禁を犯し、処罰を恐れたためであった。以上のような諸々の事実から考えても、義持が夢窓派から一定の距離をもっていたことはまず間違いないだろう。

義持寿像の著賛僧

以上のような事実を踏まえ、それでは逆に、義持に強い影響を与えていたと考えられる禅僧について検討してみよう。とは言うものの、これは、実はそれほど簡単な作業ではない。検討すべき禅僧が誰かという問題は、判断の基準、採用する方法などによっていくつかの異なった結論が生じると思われるからである。しかしながら、たとえば、義持の寿像に賛を付した禅僧に注目してみるという方法はひとつの有効な方法だろう。生前に作られた寿像であれば、「最も」と言えるか否かはともかくとして、義持懇意の僧であったことは間違いなく、一定の影響力を有した僧であったことも推測し得るからである。

そこで、義持の寿像に賛を付した禅僧について検討してみよう。義持の寿像は現在二点が伝来している。一点は一四一二年（応永一九年）のもので、これには履中元礼《りちゅうげんれい》が賛をつけている（慈済院蔵）。そして残る一点は一四一四年（応永二一年）のもので、怡雲寂誾の賛がある（神護寺蔵）。これら義持の寿像に賛を付した禅僧は、いったいどのような僧であったのだろう。

最初の履中元礼については多くを知ることができない。[10] 長門国の人で松源派（大覚派）南嶺子《なんれいし》越《えつ》の法嗣であったこと、長門安国寺に指定された東隆寺（宇部市）の一〇世、天龍寺五〇世、建長寺八六世などに就任し、義持から相応の帰依を得ていたこと、晩年には南禅寺の坐《ざ》公文《くもん》（実際の入寺を必要としない名義上の住持辞令書）を得て七七世に就任し、一四一三年（応永二〇年）一〇月一〇日に示寂していること（塔所は南禅寺清泰院）などがわ

図14　足利義持像（履中元礼賛）（慈済院蔵）

かるくらいであるが、[11]同年に製作された金地院蔵『渓陰小築図』（国宝）の著賛者の一人「関西元礼」は彼自身であり、同図は応永期詩画軸の代表作とされている[12]。

もう一人の怡雲寂誾については今少し詳細に知ることができる。彼は、周防国の武士伊藤新左衛門の弟で、破庵派（聖一派大慈門派[13]）僧であった。長く京都東福寺で書記をつとめ、のち故郷の長門国三恵寺、普光王寺に住し、一四〇二年（応永九年）以前に渡明した経験がある。義持帰依僧の一人であった松源派（愚中派）の愚中周及《ぐちゅうしゅうきゅう》とも親しく、安芸仏通寺に愚中を訪れ、入明中に託された道平□衡の偈頌を呈し、あわせて門派の派祖である癡《ち》兀大慧《ごつだいえ》の著書『十牛訣』への跋文（後書き）を依頼していることも知ることができる[14]（『愚中年譜』応永九年条）。

彼の経歴中、破庵派（聖一派）僧という点にとくに注目すれば、九州の破庵派（聖一派）寺院との関係も気になるところである。一四〇〇年（応永七年）八月、朝鮮へ大蔵経を求めるために使者を派遣した博多承天寺の「誾公」とは、[15] あるいは彼であったかもしれないが、むろん、推測の域を出るものではない。

ところで、彼ら両僧について、共通の特色として指摘できる点は、以下のようなものである。まず第一に、両僧はいずれも夢窓派の僧ではないということ。先に述べたように、履中元礼は松源派（大覚派）の僧であるし、怡雲寂誾は破庵派（聖一派）僧であった。玉村氏は、義持が帰依したのは夢窓派の僧ではなく、松源派（仏源派）の惟忠通恕《いちゆうつうじょ》と破庵派（聖一派）の大愚性《たいぐしょう》智《ち》であったと述べた。[16] 具体的な禅僧名についてはともかくとして、松源派・破庵派僧への

図15　足利義持像（怡雲寂誾賛）（神護寺蔵）

帰依という点については氏の指摘と一致する。とくに松源派（大覚派）の南嶺・履中師弟に対する帰依は厚かったようで、義持は履中に命じ長門安国寺から師の遺像を召して、これを拝している。[17] ともあれ、義持帰依僧の門派が、義満時代のそれとは明確に異なっている点を重視しておきたい。次に第二点として、両僧とも長門・周防の出身で、大内氏や九州（とくに博多）との関係を窺うことができることである。とりわけ怡雲寂誾などは、周防の武士伊藤新左衛門の弟でおそらくは大内氏配下の武士の出身であったと考えられ、博多の破庵派（聖一派）寺院との関係も推測される。博多関係の破庵派僧ということでは、先に述べた「仁和寺の野僧」有瑞書記の例なども加えることができるだろう。義持の厚い帰依を得ていた両僧が松源派・破庵派僧であり、大内氏や九州（とくに博多）との関係が推測される、という結論を確認しておきたい。

盛見の帰依僧

これまでの考察から、この時期の大内氏（盛見）の帰依僧についても検討する必要が出てきたようである。大内盛見の禅宗保護については、曹洞宗の石屋門派に対するものなども見られるが、この点はコラムに譲るとして、当面との関わりで問題になるのは、破庵派（聖一派）禅僧や松源派禅僧に対する保護である。これは義持の帰依門派とも一致しており、興味深い点である。まずこの点から具体的に見てみよう。

一四〇四年（応永一一年）、盛見は父弘世や兄義弘を弔うために山口に香山国清寺を建立した。同寺には歓請開山（名義上の開山）として破庵派（聖一派石屛子介《せっぺいすかい》法嗣）の透関慶頴《とうかんけいえい》が招請され、義持は同寺を祈願所とし、寺領の安堵などを行った（『防長風土注進案』一三）。

破庵派（聖一派）が、中国では大慧派、日本では夢窓派と一定の距離を有した門派であることは前にも述べたが、盛見の建立した国清寺についても、夢窓派からの距離という点で、同様の状況を指摘することができる。盛見は同寺の寺規を定める際、住持については「当寺は他門の住持有るべからざる事」と透関門派以外の住持を禁止し、住僧についても「掛搭《かた》（寺院に居住すること）の僧の事、官方の吹挙停止すべし」と「官方」（幕府）の吹挙を停止する条文を加えている。[19] 当時、義満の保護を得た夢窓派が勢力を拡大させている時期であったことを考えると、これはおそらく夢窓派との距離を保つための措置であったと考えられる。また盛見と破庵派（聖一派）の緊密な結びつきは別の面からも指摘できる。

先に述べたように、盛見は朝鮮に対してしばしば使節を送り大蔵経の将来を行っているが、第一回の一四〇七年（応永一四年）の遣使には博多承天寺住持の経歴をもつ破庵派（聖一派）僧中和通文《ちゅうわつうぶん》を派遣しており、さらに一四一〇年（応永一七年）の遣使の携帯した書契は、破庵派（聖一派）岐陽方秀《きようほうしゆう》が起草したものであった。[20]このような事実から見ても、盛見が破庵派（聖一派）に帰依していたという点は動かないだろう。

次に松源派禅僧との関係であるが、ここでは惟肖得巌や愚中周及との関係が顕著である。米原正義氏は、盛見が在京中に交遊した五山僧として、空谷明応（夢窓派）、愚中周及（松源派）、無求周伸《むきゆうしゆうしん》（夢窓派）、西胤俊承《さいいんしゆんしよう》（夢窓派）、岐陽方秀（破庵派）、顎隠慧奯《がくいんえかつ》（夢窓派）、瑞渓周鳳《ずいけいしゆうほう》（夢窓派）などの名をあげたのち、最も関係が深かった僧は惟肖得巌であったと述べた。[21]

惟肖は、盛見の道号説「大先字説」を作ったことをはじめとして（『東海橘華集』二）、盛見のために各種詩軸の跋や画像賛などを記し、また盛見離京の際には求めに応じて天神賛なども記している（古熊神社蔵「紙本墨画天神図」）。在京中、盛見が夢窓派禅僧と交遊をもったことは、同派全盛の当時の状況からすれば当然であるが、そのような表面的な関係とは異なり、惟肖との交流には米原氏が言うように「並々ならぬものがあった」ようだ。

また同じく松源派に属し、義持からも厚い帰依を得ていた愚中周及とも深い交流があった。愚中の詩文集『草余集』（『五山文学全集』第三巻）には、盛見の求めにより彼が製した国清寺開山透関慶頴《とうかんけいえい》像に対する賛文、あるいは盛見のために示した法語、さらに安芸仏通寺において行った盛見逆修の斎の拈香語など、多く収められている。

このように、盛見の禅の嗜好は、それが意図的であったか否かはともかくとして、義持のそれと著しい共通性をもち、帰依僧についても重なり合う部分が多い。夢窓派全盛という状況のもと、これが義持の歓心を買うこととなり、両者の接近を容易にしたことは否定できない。

だが、それはそれとして、ここではさらに次のような点についても検討されるべきである。これらの事実はこれまでのように、果たして禅僧に対する彼らの嗜好の問題としてだけ論ぜられる事柄なのか、という点である。

おそらくそうではないだろう。当然それは、彼らの活躍に頼ることの多かった対外交渉の分野へも相応の影響を与えていたのではなかろうか。とくに義持など玉村氏が言うように、「禅宗一辺倒の人」であったとすればなおさらのことである。義持・盛見らの帰依を得た禅僧は彼らの対外政策にも大きな影響を与えていた、そのように考えてもあながち無理な推測にはならないと思う。

しかしながら、義持が明との断交を決意する過程で、彼らが具体的にどのような関わりをもったかということになると、これを示す史料は現在のところ管見できない。したがって、以上の私見も取りあえずの推論にとどめるべきであろうが、それを推測させる史料が全く存在しないかと言うとそうでもない。わずかながら、応永の外寇後の日朝交渉の過程からその一端を窺うことはできるのである。

コラム6＊「仁和寺の野僧」有瑞書記について

一四一九年（応永二六年）八月二九日、元代の破庵派僧中峰明本（高峰原妙法嗣）の百年忌が相国寺において開催され、義持は満済とともにこれに出席した。『満済准后日記』によれば、施主は中峰の法孫で「仁和寺の野僧」であったと記されている。仁和寺に禅僧が居住していたという事実はそれ自体興味深い。だがここではその点に立ち入ることは控え、「仁和寺の野僧」についてだけ述べておこう。仁和寺文書（奈文研所蔵写真版）のなかには、彼に関係した文書として「（年未詳）七月十一日某書状（前欠、礼紙書）」（笈　古文書五、七三号）があり、次のような文言が記されている（佐伯弘次氏のご教示による）。

（前略）唐船、来月四日、兵庫を出るべきの由、御治定の由承り候、油断の儀有るべからず哉、将又、瑞書記と申す野僧候、筥崎の事に就き申す旨候間、理性院の状を以て申し候了ぬ、所詮この僧公方様へ直ニ物をも申奉り、この度の渡唐候硫黄の事、数万斤用意の由申し候（後略）

（永享四年）
七月十一日　　　　　　　（花押）

本文書は、以下に述べるような理由から一四三二年（永享四年）のものと考えられるが、とすれば、本文書に見られる「瑞書記と申す野僧」が、時期的に見て問題の「仁和寺の野僧」と同一人物であることは確かであろう。彼は博多方面（筥崎宮）に関係をもち、遣明船に船載する硫黄の調達などを請け負っていたことがわかる。ところでこの瑞書記なる禅僧は、実のところ『満済准后日記』や『看聞日記』に関係の記事が散見される周知の人物であった。小葉田淳氏の研究（『中世日支通交貿易史の研究』）によれば、彼は一四三二年（永享四年）に義教が派遣した遣明船の硫黄奉行として薩摩島津氏のもとへ下向したことが判明する。この事実により、本文書も同年のものであることがわかるのである。ちなみに、『明実録』一四三三年（宣徳八年）閏八月条には、「日本国王源義教、僧有瑞などを遣し、来朝す」との記事が見え、彼が「有瑞」という法諱《ほうき》（禅僧名の下の二字）であったこと、使節一員として自ら渡明したことなどを知ることができる。小葉田氏は、彼が三十三間堂造営奉行で勧進聖であったこと（『看聞日記』永享六年六月一九日条）、この時の遣明船の一艘が三十三間堂修造船であったことなどを根拠として、彼は「三十三間堂船の居座・土官として渡航した」と推測した。

義持との関係に話をもどそう。「禅僧瑞書記ト号すこの間九州より参洛せしむる也」（『満済准后日記』永享四年七月八日条）や「筥崎の事に就き申す旨候間」（前掲文書）などの文言から考えると、彼が博多と関係の深い破庵派禅僧（僧侶的商人と呼ぶべきか）であったことは間違いない。このことは、義持の周辺に博多関係の破庵派禅僧が少なからず存在していたことを示す事実としても非常に重要である。

ところで、問題の遣明船は一四三四年（永享六年）に帰国するが、瑞書記には幕府貿易品として積渡した硫黄二〇万斤の処置をめぐって不正があったという嫌疑がかかり、流罪に処せられたとも、兵庫で死去したとも伝えられている。

コラム7＊大内盛見と曹洞宗石屋門派

曹洞宗石屋真梁《せきおくしんりょう》門派に対する盛見の保護については次の通りである（巻末「関係法系図6」参照）。盛見は石屋の法嗣《はっす》定庵殊禅《じょうあんしゅぜん》を請じ小鯖闢雲寺の開山とした。また一族の鷲頭《わしず》弘忠《ひろただ》も長門深河に大寧寺を開き、智翁永宗《ちおうえいしゅう》、竹居正猷《ちくこしょうゆう》らを招いている。これらの寺院の建立により、石屋門派はこののち大内領国で勢力を拡大していくことになる。

石屋真梁は通幻寂霊《つうげんじゃくれい》に法を嗣ぐ曹洞宗峨山《がざん》派の禅僧である。薩摩伊集院氏の出身で、島津氏の保護により福昌寺開山となったが、師の通幻も豊後出身であり、師弟ともに九州との関係は深かった。師の通幻は大宰府の観世音寺戒壇で受戒した後、参師聞法の旅に出て、最終的には能登総持寺で峨山韶碩《がざんじょうせき》の法を嗣いだ。彼の事績中とくに留意すべきは、細川頼之からの帰依が厚く、一三七〇年（応安三年）に頼之が創建した丹波永沢寺の開山になったと伝えられている点である（『兵庫県史』第三巻第八章第二節「新仏教の展開（二）――曹洞禅――」）。ただ永沢寺の開基については頼之ではなく山名時氏とする説もある（小川信『細川頼之』）。今後の検討がまたれるところであるが、かりに頼之説によるとすれば、彼は「応安の山門強訴」事件を契機に夢窓派春屋一派と対立したと言われており（今枝愛真「斯波義将の禅林に対する態度」『中世禅宗史の研究』所収）、夢窓派と距離をおく盛見としては、このような石屋門派の立ち位置に、ある種親近感を抱いていたのかもしれない。

この点、義持も峨山派の禅僧梅山聞本《ばいざんもんぽん》（太源宗真法嗣《たいげんそうしんはっす》）に同じく帰依しており、越前龍沢寺に住していた彼を何度も上洛させようと試みている（玉村竹二「足利義持の禅宗信仰に就いて」『日本禅宗史論集』下巻之二）。

ちなみに石屋門派は、盛見の帰依した惟肖得巌とは親しかったらしい。石屋の伝記・語録集（「玉龍山福昌禅寺開山石屋禅師搭銘幷叙」『続群書類従』第九輯下所収）は、石屋の法嗣《はっす》竹居正猷の依頼により、惟肖が編纂したものである。

3　博多禅寺の朝鮮通交

応永の外寇と博多妙楽寺

一四一九年（世宗元年・応永二六年）、朝鮮はかねてより倭寇の根拠地と見なしていた対馬を襲撃した。いわゆる応永の外寇（己亥東征《きがいとうせい》）である。幕府はこの事件の直後、事件の真相を探らせるため、博多妙楽寺僧無涯亮倪《むがいりょうげい》と博多商人平方吉久を正・副使として朝鮮へ派遣した。正使となった無涯亮倪は妙楽寺僧で、大宰府崇福寺の無方宗応《むほうそうおう》に法を嗣いだ松源派（大応派）の僧である。(22)

注目されるのは、この使節派遣が決定されるまでのいきさつである。『老松堂日本行録』(23)「跋語」（後書き）は、この点について次のように記している。

一四一九年の春に朝鮮に来襲した倭人のうち、九州の倭には酒食を与えられ全て送還されたが、対馬の倭は還されず、夏には対馬に兵が遣わされた。九州探題は朝鮮側の意図を知るため、博多居住の僧宗金を京都に送って（おそらく朝鮮への使節派遣の件について）幕府の意向を打診した。博多居住の僧宗金は、京都において、（足利義持と親しい）陳外郎《ちんういろう》（宗寿）に相談した。その後、陳外郎（宗寿）による義持への上申を経て、妙楽寺僧無涯亮倪と博多商人平方吉久を正・副使とした使節派遣が決定された（意訳）。

以上の内容から、使節派遣の計画や人選について、陳外郎（宗寿）や博多居住の僧宗金なる人物が深く関与していることを知ることができる。それでは、これらの人物と妙楽寺との間にはどのような関係があったのだろうか。

まず陳外郎宗寿である。(24)『石城遺宝拾遺』(25)「礼部員外郎陳氏台山敬居士之行実」によれば、彼の父陳外郎延祐は台州（浙江省台州府臨海県）の生まれで、元の順帝に仕えていた。礼部（六部内の祭祠・教育担当部署）の員外郎（四司に分かれ、各司に郎中、員外郎、主事の官がある）であったが、元の滅亡により博多に亡命。足利義満は彼をたびたび京都へ招いたが、博多にとどまり、大宰府崇福寺の無方宗応に参禅して台山宗敬《たいさんそうけい》と号した。博多妙楽寺内の無方の墓塔明照庵は彼が開創したものである。そして、その子陳外郎宗寿が問題の人物で、彼は義満に仕え活躍したと記されている。義満の死後は引き続き義持に仕えたのであろう。ちなみに副使となった博多商人平方吉久は、この陳氏の子孫で（時代的に見て宗寿の子か）、日本人姓「平方」を名乗っていた。

次に宗金の方であるが、彼については博多居僧という以外、詳細は不明である。『老松堂日本行録』によれば、朝鮮からの回礼使宋希璟《そうきけい》一行の接待にあたり、また一行入洛の際には無涯亮倪らとともに上京している。幕府と使節との間の斡旋に奔走するなど重要な働きをしている人物であった。詳しい考証は拙著(26)に譲るとして、結論のみ述べれば、彼は京都建仁寺天潤庵系の松源派（大応派）禅僧であり、博多妙楽寺と関係の深い人物であったと考えられる。

以上のように、応永の外寇の直後に幕府から朝鮮へ派遣された使節は、正・副両使ともに妙楽寺関係者であり、使節派遣の計画自体も妙楽寺関係者の働きかけによって実現したことがわかる。つまり彼らの働きかけそのものが義持を動かし、朝鮮への遣使派遣が実現したと言えるのである。このように見てくると、義持の決断による明との断交にも、博多商人と結んだ禅僧らの同様の働きかけがあったのではないかと考えたくなるのである。

博多禅寺の朝鮮通交

以上、不十分ながら、義持の決断には、博多禅僧からの働きかけがあったのではないかと推測してみた。そのように考えた場合、最後に残された問題としては、そのような状況をつくりだした歴史的な背景とはいったいどのようなものであったのか、ということであろう。今後の展望の意味も含め、この点についても述べておこう。おそらくそれは博多禅寺の朝鮮通交の動きに関係すると考えられる。

伊藤幸司氏の研究(27)によれば、大内氏は、筑前国進出もままならない盛見の時期あたりから、博多の禅宗寺院、聖福寺や承天寺と関わり、自らの朝鮮通交を実現していたという。先にも少し述べておいたように、一四〇七年（応永一四年）の遣使の際、博多承天寺住持の経歴をもつ破庵派（聖一派）僧中和通文《ちゅうわつうぶん》を使節としたことや、長門の安国寺が博多聖福寺との間に緊密な関係をもっていたことなどが徴証になっている。この点では、盛見（および義持）の帰依僧の一人であった惟肖得巌が、若い頃一時博多の聖福寺にいた事実(28)なども付け加えておいてよいだろう。伊藤氏が述べるように、大内氏の朝鮮通交を主導していた禅僧の供給源が主として博多禅寺であったことは認められるであろう。

当時、博多の禅寺では朝鮮との通交が本格化しつつあった。

たとえば、承天寺について述べれば、一四〇〇年（応永七年）八月、先にも少し触れたように、大蔵経を求めるため博多承天寺「誾公《ぎん》」が朝鮮へ使者を派遣している事実をはじめとして（『朝鮮王朝実録』）、朝鮮からの来日者は何らかのかたちで承天寺と関係をもっていた。応永の外寇後に来日した朝鮮通信使の宋希璟が「承天寺主僧に贈る」の詩を賦しているのは、そのことを象徴する事例のひとつである。当時、承天寺はまさに日朝交渉の拠

点のひとつであったと言える。(29)

さらに次の事実も参考になる。正木美術館蔵の詩画軸で、水墨画の画人である周文が描いたと伝えられている「山水図」には、無涯亮倪・従隗《じゅうかい》・太樸処淳《たいぼくしょじゅん》など三名の禅僧の題詩があるが、太田孝彦氏の研究によれば彼ら三名は全て博多聖福寺や承天寺、あるいは九州と関係をもつ僧であった。太田氏は、濃厚な朝鮮画の影響をもつこの画は博多禅寺を製作の場とする作であり、博多禅寺を媒介とした朝鮮画摂取の可能性があると指摘している。(30)この点、筆者も全く同感であるが、それに加えて、今ひとつ注意しておきたいのは、大内氏との関係である。著賛者の一人である従隗について、『蔭涼軒日録』永享一〇年六月二七日条には「承天寺の新命従隗西堂、大内の吹嘘」と記されており、(31)彼の承天寺への入寺が大内持世の吹挙《すいきょ》（推挙）によるものであったことがわかる。博多禅寺を媒介にした朝鮮画摂取の問題については、大内氏の朝鮮通交も視野に入れて考えるべき事柄であろう。

ところでそれではなぜ、博多の禅僧らはこのように朝鮮との通交に積極的であったのだろうか。まず理由の第一として考えられることは、朝鮮における禅宗の問題がある。高麗末期、朝鮮半島からは高麗禅僧の入元が相次いでいた。入元した彼らの多くは、元代末期の破庵派禅僧に参禅嗣法し、帰国後、破庵派禅を国内に広めている。とすれば、博多の破庵派の禅僧らが、求法のために朝鮮へ渡海し、彼らに参禅するということは確かにあっただろう。しかしながら、ここで、それとともに、あるいはそれ以上に重要と思われる問題は、日明貿易の開始による日明関係の変化である。

足利義満により開始された日明勘合船貿易は、これまでの「民間」貿易を排除する国家独占の貿易形態であった。博多を中心に行われていた従来の地域間交流は勘合船貿易の開始によって排除・抑圧の対象となり、以後彼らは交易の相手を、比較的制限の少ない朝鮮（さらには琉球）へと大きくシフトさせることになる。

禅宗史の側から、これを単純に図式化して言えば、日明交流の舞台で主流となったのは大慧派・夢窓派のラインであり、非主流となった博多の臨済宗破庵派・松源派、さらには曹洞宗禅僧などは、朝鮮や琉球方面へ次第に活躍の場を移していくということになるのだろう。

そのような状況下、義持や盛見による朝鮮貿易の推進は彼らにとっても、外交的な主導権復活のためのまたとないチャンスであったと言える。博多商人と結んだ禅僧らは盛見に対してはもちろん、義持に対しても積極的な働きかけを行ったと考えられる。義持が日明断交を決意し、朝鮮貿易にシフトしていく背景としても、この点を十分に考慮しておかなければならないだろう。

博多曹洞宗寺院の日朝交易

朝鮮通交を本格化させていたのは、以上に述べた臨済宗寺院だけではなかった。曹洞宗寺院についても同様な状況が見えるのである。(32) これまで曹洞宗寺院の朝鮮通交についてはほとんど論じられることがなかったので、最後にこの点についても述べておこう（巻末「関係法系図6」参照）。

薩摩・日向を拠点として隆盛した曹洞宗通幻派（石屋門派）は、大内領国への展開を開始したが、一部の勢力（無著派）はさらに豊後へと北上し、南北朝末期頃には筑前での展開が顕著になった。(33) そのなかでも、次に述べる博多慈雲禅寺や海岸部「息浜《おきのはま》」に建立された明光寺などは、朝鮮通交との関係からとくに注目される寺院である。

博多慈雲禅寺　『朝鮮王朝実録』定宗元年（一三九九年）九月、定宗二年（一四〇〇年）八月、太宗元年（一四〇一年）四月・九月条などに見られる通交者の一人「博多慈雲禅庵天真」なる僧は、筑前瑞石寺開山の天真融適《てんしんゆうてき》であろう。天真融適は肥後の菊池氏の一族で、豊後泉福寺の無著妙融《むちやくみようゆう》に法を嗣いだ通幻派（無著派）の僧である。一四一三年（応永二〇年）に死去するが、この間、筑前鞍手郡の金生に瑞石寺を開山するなど、活躍の主な舞台は筑前方面であった。博多との関連が今ひとつ明確でないが、後述するように、同じ頃同門の無雑融純《むざつゆうじゆん》が博多息浜に明光寺を開山するなど、無著妙融の弟子たちの博多での活躍が活発化している。天真の活動も、おそらくそのような動向と軌を一にするものであったと考えられる。ちなみに、天真融適の開山した鞍手郡瑞石寺には、李朝時代初期の作であると推定されている「華厳釈迦図《けごんしやかず》」が現存しており、(34)これなど当時の朝鮮との交易を示す遺品であるのかもしれない。

天真の博多での居住寺院であった「博多慈雲禅庵」についても述べておかなければならない。天真融適《てんしんゆうてき》が菊池氏の出身であることは先に述べた通りであるが、菊池氏はこれ以前から曹洞宗との関わりが深かった。大智（肥後国玉名の広福寺開山）への帰依などはその好例である。この広福寺（石貫寺）の有力檀越であった菊池武澄は、一三五六年（正平一一年）頃に死去するが、彼の諡号がまさに「慈雲禅定門」であった。南北朝期、征西将軍宮を擁した菊池氏南朝勢は大宰府・博多を一時的に制圧している。そのようなことからすれば、博多「慈雲禅庵」も、菊池武澄とあるいは何か関わりをもつ寺院であったのかもしれない。

天真の活動は、礼物奉献と倭寇により掠奪された被虜人の刷還を主な内容とするが、事実上の貿易活動が背景にあったことは言うまでもない。

筑前明光寺　博多の海岸部「息浜」に建立された明光寺も同じく曹洞宗寺院であった。同寺の開山は、先にも少し述べたように、無著妙融の法嗣《はっす》で通幻派（無著派）の無雑融純である。建立にはのちに大友氏の博多代官となった豊後田原氏が関わったと推定されており、(35)田原氏は一四六一年（寛正二年）頃から積極的に朝鮮貿易を行っている。(36)現段階では明光寺僧の具体的な朝鮮貿易は確認できないが、同寺にも李朝時代中期の作と推定される「地蔵十王図」が伝来しており、(37)また以下に述べるような事実とも関連して、同寺の朝鮮貿易への関与は否定できないと思われる。

『大宰府・太宰府天満宮史料』(38)には、かつてこの明光寺に所蔵されていた鐘に関する史料（「長仙院鐘追銘」）が収められている。

西海路筑前州博多津息浜
浄瑠璃山光明禅寺の常住也
（飛天）
応永廿一年甲午八月六日
住持比丘正巽《しょうそん》
幹縁比丘宗超《そうちょう》

同史料により、銘は一四一四年（応永二一年）に明光寺正巽《しょうそん》らによって追銘されたものであり、この時までに鐘が同寺にもたらされていたことがわかる。坪井良平氏(39)によれば、この鐘は高麗時代末期に所鋳された朝鮮鐘であるという。同寺の朝鮮通交の事実を窺わせるものとして興味深い。

コラム8＊高麗禅僧の入元と破庵派の伝播

朝鮮半島における禅宗の流入は統一新羅時代の末期あたりに始まったが、本格化したのは高麗時代である。この時代、知訥《ちとつ》などの活躍により禅は独自の発展を遂げ、現在の曹渓宗の源流が形成された（鎌田茂雄『朝鮮仏教史』）。また高麗僧の入元もこの頃相次いだ。彼らの多くは臨済宗破庵派の禅僧に参禅嗣法しており、帰国後、その法を国内に広めている（巻末「関係法系図3」参照）。

一三四六年（忠穆王二年・至正六年）、太古普愚《たいこふぐ》は入元して、湖州霞霧山天湖庵の石屋《せきおく》清珙《せいきょう》に参禅し法を嗣いだ（「円証国師塔銘」『朝鮮金石総覧』上巻）。石屋清珙は破庵派及《きゅう》庵宗信《あんそうしん》の法嗣である。また同じ頃、白雲景閑《はくうんけいかん》や懶翁悲勤《らんおうひきん》も入元している。白雲は一三五一年（忠定王三年・至正一一年）頃入元し、同じく石屋清珙に法を嗣いだ（江田俊雄「高麗版白雲和尚語録に就いて」『朝鮮仏教史の研究』）。懶翁悲勤は、入元前、楊洲檜巌寺で日本僧石翁より教えをうけているが、石翁は破庵派（聖一派）の石翁曇求《せきおうどんぎゅう》（鉄牛《てつぎゅう》　景印《けいいん》法嗣）

であろう。一三四八年（忠穆王四年・至正八年）入元し、破庵派の平山處林《へいざんしょりん》（及庵宗信《きゅうあんそうしん》の法嗣）に法を嗣いだ。

太古は、日本の禅僧とも関係が深かったようである。彼の語録には、「日本の志性禅人に示す」（『太古和尚語録』巻上）、「中庵寿允《じゅいん》（龍山徳見《りゅうざんとっけん》の法嗣か）、日本の允禅人、その号を以て頌を求む」（『同書』巻下）、「日本の石翁長老（石翁曇求《せきおうどんぎゅう》か）に寄す」（『同書』巻下）、「日本の雄禅人の江南に遊ぶを送る」（『同書』巻下）など、日本の禅僧に与えた詩文が多く残されている。

さらに懶翁については、大内氏との関係も窺える。一四〇八年（応永一五年）七月、大内盛見は朝鮮に対し使節を遣わし礼物を献ずるが、同年八月、これに応えるかたちで朝鮮より金淦《きんかん》が遣わされ、あわせて大蔵経一部および中鐘などとともに「懶翁の画像」が与えられている（『太宗実録』）。破庵派に対する盛見の禅宗保護などとからめて考えるべき事柄であろう。

以上のように、入元した彼らは破庵派の禅を嗣ぎ、帰国後にこれを国内に広めたのであるが、なかでも懶翁の法嗣であった無学自超《むがくじちょう》や無学の法嗣得通已和《とくつういわ》の活躍は特筆に値する。朝鮮の太祖李成桂は無学を王師に任じて重用し、また成宗は得通を請じて母の冥福を追薦させるなどしている。朝鮮王朝は基本的には儒教国家であり、儒教のもとに屈服させられた仏教は衰微の一途をたどるのであるが、太祖期から成宗の時期には国家公認の宗教として、なおその存在が認められていたのである。

註

(1) 田村洋幸『中世日朝貿易の研究』(三和書房、一九六七年)四三〇頁。

(2) 須田牧子氏は、室町政権と朝鮮王朝の本格的外交は義満時に開始され、媒介者となったのは大内義弘であったと述べた(「朝鮮王朝――室町政権間外交の成立と大内氏――」佐藤信・藤田覚編『前近代の日本列島と朝鮮半島』所収、山川出版社、二〇〇七年)。氏の指摘も踏まえれば、朝鮮通交が本格化するのは義持の時期からということになる。

(3) 田中健夫『中世対外関係史』(東京大学出版会、一九七五年)八四頁。

(4) 高橋公明「室町幕府の外交姿勢」(『歴史学研究』五四六、一九八五年一〇月)。

(5) 米原正義『戦国武士と文芸の研究』(桜楓社、一九八〇年)。

(6) 盛見の使者が携帯した「朝鮮国議政左右政丞」宛書契(『五山文学全集』第三巻所収、「不二遺稿」下巻書問)の日付が、「応永十七年(一四一〇年)秋八月二十六日」付けであることからすれば、大まかにその前後あたりを想定してよいかもしれない。

(7) 玉村竹二「足利義持の禅宗信仰に就いて」(『日本禅宗史論集』下巻之二所収、思文閣出版、一九八一年)。

(8) 玉村竹二「大徳寺の歴史」(前掲『日本禅宗史論集』下巻之二所収)。

(9) 斎藤夏来「五山制度と大徳寺・南禅寺」(『禅宗官寺制度の研究』所収、吉川弘文館、二〇〇三年)。

(10) 『大日本史料』応永二〇年一〇月一〇日条に彼に関する史料がまとめられている。

(11) 『扶桑五山記』天龍寺、建長寺、南禅寺の項、『臥雲日件録跋尤』康正二年二月三日条、寛正六年正月二五日条、文正元年二月一八日条。
(12) 島田修二郎・入矢義高監修『禅林画賛』(毎日新聞社、一九八七年)。
(13) 『臥雲日件録抜尤』文安四年五月七日条、文安五年正月一九日条。
(14) 福島恒徳「三恵寺蔵白衣観音図——賛者怡雲をめぐって——」(『山口県文化財』二〇・二一合併号、一九九〇年)。
(15) 『朝鮮王朝実録』定宗実録五、庚辰二年八月条。
(16) 前掲、玉村竹二「足利義持の禅宗信仰に就いて」。
(17) 「南嶺和尚道行碑」(『大日本史料』六編之二五貞治二年九月一一日条)、西尾賢隆「東隆寺蔵諸山疏」(『禅文化研究所紀要』二八、二〇〇六年二月)。
(18) 玉村竹二『夢窓国師』(平楽寺書店、一九五八年)三二五頁。
(19) 応永一一年二月五日「国清寺条々」(『長防風土記』二四、『大日本史料』第七編之六所収)。
(20) 伊藤幸司「大内氏の外交と東福寺聖一派寺院」(『中世日本の外交と禅宗』所収、吉川弘文館、二〇〇二年)。
(21) 前掲、米原正義『戦国武士と文芸の研究』。
(22) 玉村竹二『五山禅僧伝記集成』「無涯亮倪」(講談社、一九八三年)。
(23) 村井章介校注『老松堂日本行録』(岩波書店、二〇〇〇年)。
(24) 陳外郎に関しては、さしあたり藤原重雄「陳外郎関係史料集(稿)・解題」(『東京大学日本史学研究室紀要』二、一九九八年三月)のみ紹介しておく。
(25) 広渡正利編著『石城遺宝』(文献出版、一九九一年)に所収。

(26) 拙著『九州中世禅宗史の研究』(文献出版、二〇〇〇年)第二章第二節「博多妙楽寺と商人たち」。
(27) 伊藤幸司「大内氏の外交と博多聖福寺」「大内氏の外交と東福寺聖一派寺院」(前掲『中世日本の外交と禅宗』所収)。
(28) 前掲、玉村竹二『五山禅僧伝記集成』「惟肖得巌」。
(29) 川添昭二「古代・中世の博多」(『中世九州の政治と文化』所収、文献出版、一九八一年)。
(30) 太田孝彦「正木美術館蔵無涯亮倪ら三僧題詩の山水図について」(『美術史』三七―一、一九八八年四月)。
(31) 広渡正利編校訂『博多承天寺史補遺』(文献出版、一九九〇年)。
(32) 前掲、拙著『九州中世禅宗史の研究』第二章第四節「曹洞宗禅僧の対外交流」。
(33) 川島久美子「筑前における曹洞宗の展開」(『西南地域史研究』第七輯所収、文献出版、一九九七年)。
(34)『瑞石寺誌』(瑞石寺、一九八七年)。
(35) 前掲、川島久美子「筑前における曹洞宗の展開」(『西南地域史研究』第七輯所収)。
(36) 外山幹夫『大名領国形成過程の研究』(雄山閣出版、一九八三年)第一編第五章「大友氏の対鮮貿易」。
(37)『悟りの美』(福岡市美術館、二〇〇二年)。
(38)『大宰府・太宰府天満宮史料』巻一二(太宰府天満宮、一九八四年)五八七頁。
(39) 坪井良平『日本古鐘銘集成』(角川書店、一九七二年初版、一九八九年再版)。

おわりに

官僚化する禅僧たち

明代における禅僧の地位の変化を端的に示すひとつのエピソードがある。一三七二年（応安五年）、明より禅僧仲猷祖闡と天台僧無逸克勤が洪武帝の命により来日した。義満は両僧を嵯峨の向陽庵に居らしめ、管領細川頼之とともに禅僧仲猷祖闡を天龍寺住持に招請する画策を練った。村井章介氏は、計画の中心人物が細川頼之であった点に注目し、これを、幕府内部の反頼之派（斯波義将・土岐頼康ら）と密接な関係にあった春屋一派の動き（春屋の天龍寺住持復帰計画）に対する牽制、と推測する[1]。

天龍寺については、当時明側でも、造営が天龍寺船という造営料船派遣によったためか、中国国内の禅寺に準ずる寺院との意識が強かったようである。一四三二年（永享四年）に遣明船正使となった龍室道淵《りゅうしつどうえん》が明皇帝より僧録司右覚義の職を与えられ、日本に帰り天龍寺を住持せしむべしと命じられた事実（『善隣国宝記』）などからも、そのことが推測される。

しかしながら、仲猷祖闡を天龍寺住持に招請する計画は結局は失敗に終わった。彼らの辞退の理由は、次のようなものであった。

洛陽の西山向陽精舎に館《やかた》す、国政を執る者、なお天龍の請を申す、無逸曰く、我、使臣のみ、帝命を奉ずるにあらざれば敢えて従わず、王、如《も》し闡《あき》らかに大法を敷宣《ふせん》せんと欲せば、宜しく同じく往きて朝に請ふべし、否なれば則ち死有るのみと、君臣これを聞き、皆大いに慙服《ざんぷく》す(2)

これによれば、彼らが招請を拒否した理由は、「帝命を奉ずるにあらざれば敢えて従わず」というものであった。つまり明皇帝の許可無くして日本の禅寺住持となることはできないという理由であったのである。

翻って考えれば、元代、両国間を禅僧らが頻繁に往来したことは周知のところであるが、先の明使僧の言を、たとえば、元の使節として来日した一山一寧《いっさんいちねい》が、「元国の国使としての使命は全く有耶無耶」(3)の状態で建長寺以下の住持に就任し、以後の半生を日本禅宗の興隆に捧げた事実と比較してみよう。同じ使者とは言いながら、その差は極めて大きいと言わざるを得ない。

明使となった彼僧の言からは、明皇帝に密着し、官僚化した禅僧の姿というものを看取することができる。この事実は、明代の禅僧らが、これ以前の、文化的存在としての色彩の強かった禅僧らとは大いに異なり、皇帝に密着した極めて政治的な存在として日中間を往来していたことを示している。そして、それは、先に述べたような明皇帝の禅宗利用策と表裏の関係にあったことも考慮しておかなければならないだろう。

義満にしても、明側のこのような禅宗重視（利用）策には敏感に対応したはずである。日明両国に張り巡らされた禅僧のネットワークを効果的に利用することは、国交回復のための最も有効な外交手段であっただろうし、現実問題として、禅僧らの協力を得ることなく日明関係をスムーズに展開することなどほとんど不可能に近いことであった。義満の禅宗保護、厳密に言えば、それは禅宗一般に対するものではなく、村井氏が言われたように「春屋妙葩のエコール」(4)、つまり「春屋妙葩を中心とする学派」に対する保護であったとも言えるが、そこで彼らに求められたものが、従来言われてきたような、単なる「外交事務能力」、あるいは「漢詩作成能力」であったとは考えがたいのである。何よりも明皇帝とのパイプ役が期待されていたのであろう。とすれば、そのような義満によって構想された禅宗も、顕密仏教と併置される一宗派としてのそれであったはずはない。義満はおそらく、仏教界全体に統括者的地位をもって臨んでいた明代禅宗の姿を思い描き、そのような構想のもとに将軍家菩提寺相国寺を建立したのではなかろうか。「はじめに」でも触れたが、冨島氏が述べたように、同寺が顕密仏教的要素を備えた禅寺であったことはそのためであろう。

本書のまとめ

本書では、以上のような観点から、禅僧らが果たした歴史的役割を日明外交の経緯に焦点を据えて述べてみた。史料不足のため推測に頼る部分も多くなってしまったが、以下に一応のまとめを付して、擱筆《かくひつ》することにしたい。

まず第一章では、日明国交回復に至るまでの両国の交渉を概観した。当初、南朝方征西府を交渉相手に来日していた明使は、博多が九州探題今川了俊によって制圧されると、交渉相手を北朝・幕府へと変更し、義満との接触に成功した。義満は、これ以後、明との通交を独自に試みるが成功しない。明ではやがて胡惟庸・林賢の謀反事件が発覚し、これを契機として洪武帝は日本との断交を決意することになる。この胡惟庸・林賢の謀反事件については、これまでの先学の成果に加え、禅宗史の観点から次のような論点を加えてみた。この事件に連座したかたちで、松源派や破庵派禅僧らがとくに厳しく処罰されるが、その理由のひとつとして、九州南朝勢力との密接な関係をもつ同門派との絶縁が意図されたためではなかったかと推測してみた。

次に第二章では、国交樹立時の交渉経緯について述べた。一四〇一年、義満は明皇帝へ遣使し、国交の回復に成功した。使者は遁世者祖阿と博多商人肥富であり、国書の起草も公家が行った。注目すべき点として、使節および国書の作成に禅僧が関与していない点である。同様なことは、冊封使接待の儀式からも看取できる。ここでも、ほとんど禅僧らの関与が見られない。そのことの理由について、義満は禅僧の起用を一時留保したのではないかと推測した。胡惟庸・林賢の謀反事件以降、急激に衰退した観のある松源派禅の動向を見るにつけても、禅僧が正面に出ることの長短・是非について、義満はいまだ状況分析の段階にあったのではないだろうか。一四〇二年、明からの冊封使を迎えた義満は、翌三年に国交回復後最初の遣明使を派遣することとなったが、この時、予想だにしない情報が飛び込んできた。明国において、義満のこれまでの交渉相手であった建文帝が叔父の永楽帝によって皇位を奪取された（靖難の役）、という情報である。義満はこの難局を、永楽帝側近（独庵道衍《どくあんどうえん》）と親しい関係をもつ絶海中津を国書起草者に起用することで乗り切ろうと考えたのである。

第三章では、明朝の禅宗の動向について述べた。明代に改変された僧録司（善世院）は、次の点で元代の宣政院とは大きく異なっていた。それは、宣政院が「僧俗併用」の職員で編成され、帝師によって統率された機関であったのに対し、明代の僧録司は、僧侶のみで構成された、仏教統制のための最高機関であったことである。これにより、僧録司で中心的な役割を担った禅僧たちの権限はそれまでになく拡大したが、彼らはさらに使節として国外へも派遣され、皇帝の権威を背景とした禅僧の権勢は周辺諸国へも喧伝されることになった。ところで、中国禅宗界の勢力の変遷について眺めてみれば、ここでは大慧派の台頭という状況が看取される。このことにより、これまで破庵派や松源派禅僧により牽引されてきた日中交流は大幅にその機能を減退させることとなり、新たな外交手段として義満が期待したのが大慧派禅僧とのコネクションであった。

第四章では、日明両国を結ぶ禅僧たちの活動を概観した。まず日明貿易の復活に心血を注いでいた義満が、従来の慣例を破り、国書起草にあえて絶海中津を起用した理由について述べた。絶海は明代禅宗界で一大勢力となった大慧派の禅僧らと親しい関係にあり、とくに永楽帝から絶大な信頼を得ていた独庵道衍（姚広孝）とは太いパイプをもっていた。義満の絶海起用もこの点と無関係ではない。義満が期待したのは、大慧派禅僧とのコネクションを利用して、明皇帝との間に友好的な関係を構築することであったのだろう。この点に関連して、明皇帝や義満が、両国を往来する禅僧らを通じて相手国に関するリアルタイムの情報を得ていた事実、また義満および夢窓派の僧たちの側でも、大慧派接近の動きがあったことなどをあわせて指摘した。また、わが国の禅僧らのなかには遠く雲南の地を踏むものもあったが、『滄海遺珠』に収載される詩文を主な材料として、彼らの活動の一端についても紹介した。

第五章では、博多・兵庫における禅宗が、中国禅宗界と緊密な関連をもって展開していたことを述べた。鎌倉期の博多では破庵派（聖一派）禅僧の活動が顕著である。京都東福寺や博多承天寺には対外交流の事実を示す数多くの遺品が伝来している。南北朝時代に入ると、今度は松源派（大応派）の活動が活発化するが、当時の妙楽寺は、「遺唐（明）使の駅（宿泊所）」と呼ばれており、寺内に建設された呑碧楼は、日中交流のシンボル的建物であった。ちなみに、南北朝期、これらの寺院門派が九州南朝勢と親密な関係を形成していたことも特色のひとつである。

播磨国では、鎌倉時代末頃に破庵派（聖一派）禅宗が急速に広がったが、南北朝に入る頃から兵庫近辺での松源派の展開が顕著になってくる。これは博多の動向とも連動するものであろう。摂津・播磨守護であった赤松氏が、保護門派を聖一派から曹源派（一山派）へと変えたのもこの頃であり、曹源派（一山派）は大慧門派とは親しい関係にあった。赤松則祐の日常的愛読書が大慧宗杲の書であった事実、臨終の際に大慧の書の講説を求めた事実などをこれに重ね合わせれば、赤松氏の同派保護から大慧派接近の側面を読み取ることも可能である。

最後に終章では、義持による日明断交の背景を、大内盛見の朝鮮通交や、彼らに近侍していた禅僧との関係から述べてみた。義持が明との断交を決意したのは、一四一〇年（応永一七年）四月から翌一一年九月以前の時期である。この時期、義持は盛見と朝鮮への遣使派遣を検討していた。義持の断交決意と朝鮮への遣使計画は表裏一体の関係で進められており、盛見は義持に朝鮮貿易の利を説き、それがおそらく彼の決断へ繋がったのではないかと推測した。

義持・盛見両者に近侍した禅僧は、夢窓派とは一定の距離をもつ破庵派・松源派禅僧であり、九州（とくに博多）との関係を窺うことのできる者が多い。この事実は、禅に対する彼らの嗜好の問題だけにとどまらず、対外交流の分野へも相応の影響を与えていたと考えられる。義持が明と断交するに際して、彼ら禅僧が具体的にどのような関わりをもったかは現在のところ不明であるが、応永の外寇後の日朝交渉の経緯から見て、博多商人と結んだ禅僧からの働きかけが存在したと推測することは可能であろう。大内氏の場合、朝鮮通交を主導していた禅僧の供給源は主として博多禅寺であり、当時、博多の禅寺では朝鮮との通交が本格化していた。日明交流の舞台では大慧派・夢窓派ラインが主流となってきており、非主流的地位に追い込まれた博多の破庵派・松源派禅僧や曹洞宗禅僧らは、活躍の場を次第に朝鮮（さらには琉球）へと移しつつあったのである。そのような状況下、義持や盛見による朝鮮貿易の推進は、彼らが外交的主導権を復活させるためのまたとないチャンスであったと言える。義持が日明断交を決意し、朝鮮貿易にシフトしていく背景としても、この点を十分考慮しておかなければならないだろう。

註

（1）村井章介「日明交渉史の序幕」（『アジアのなかの中世日本』所収、校倉書房、一九八八年）二四九頁以下。
（2）『宋学士文集』翰苑続集巻七「送無逸公出使還郷省親序」（『宋濂全集』第二冊、浙江古籍出版社、一九九九年）。
（3）林岱雲『日本禅宗史』（日本図書センター、一九七七年）五七一頁。
（4）村井章介「春屋妙葩と外交」（前掲『アジアのなかの中世日本』所収）。

図版一覧

表紙カバー　策彦帰朝図
妙智院蔵、奈良国立博物館『聖地寧波展』図録より複写転載

はじめに

図1　足利義満像（伝飛鳥井雅縁和歌賛）
鹿苑寺蔵、福岡市博物館他『大本山相国寺・金閣・銀閣寺宝展』図録より複写転載
図2　相国寺法堂
中田昭氏撮影

コラム1

図3　寧波三江口
著者撮影
図4　天寧寺西塔
著者撮影
図5　鄞県県治図
『雍正寧波府誌』（凱希メディアサービス『浙江省――寧波市地方誌』より）

第二章

図6　明世祖（永楽帝）勅書
相国寺蔵、福岡市博物館他『大本山相国寺・金閣・銀閣寺宝展』図録より複写転載

第四章

図7　足利義満像（足利義持賛）
鹿苑寺蔵、福岡市博物館他『大本山相国寺・金閣・銀閣寺宝展』図録より複写転載

図8　円通寺（雲南省昆明）
著者撮影

第五章

図9　聖福寺山門
著者撮影

図10　白雲慧暁頂相画稿
東福寺栗棘庵蔵、『古寺巡礼　京都18　東福寺』（淡交社、一九七七年）より複写転載

図11　博多承天寺古図
個人蔵、福岡市博物館『堺と博多展』図録より複写転載

コラム5

図12　新安沈船の復元模型
木浦海洋遺物博物館蔵、名古屋市博物館他『はるかなる陶磁の海路展』図録より複写転載
図13　新安沈船より引き揚げられた木簡
木浦海洋遺物博物館蔵

終章

図14　足利義持像（履中元礼賛）
慈済院蔵、九州国立博物館他『京都五山　禅の文化展』図録より複写転載
図15　足利義持像（怡雲寂誾賛）
神護寺蔵、九州国立博物館他『京都五山　禅の文化展』図録より複写転載

関係法系図

「関係法系図1　楊岐派・黄龍派」

臨済義玄……石霜楚円

（黄龍派）黄龍慧南……明庵栄西《みんなんえいさい》……寂庵上昭《じゃくあんじょうしょう》―龍山徳見《りゅうざんとっけん》

（楊岐派）楊岐方会―白雲守端―五祖法演―圜悟克勤

（大慧派）大慧宗杲《だいえそうこう》（「関係法系図2」）

（虎丘《くきゅう》派）虎丘《くきゅう》紹隆―応庵曇華―密庵咸傑―

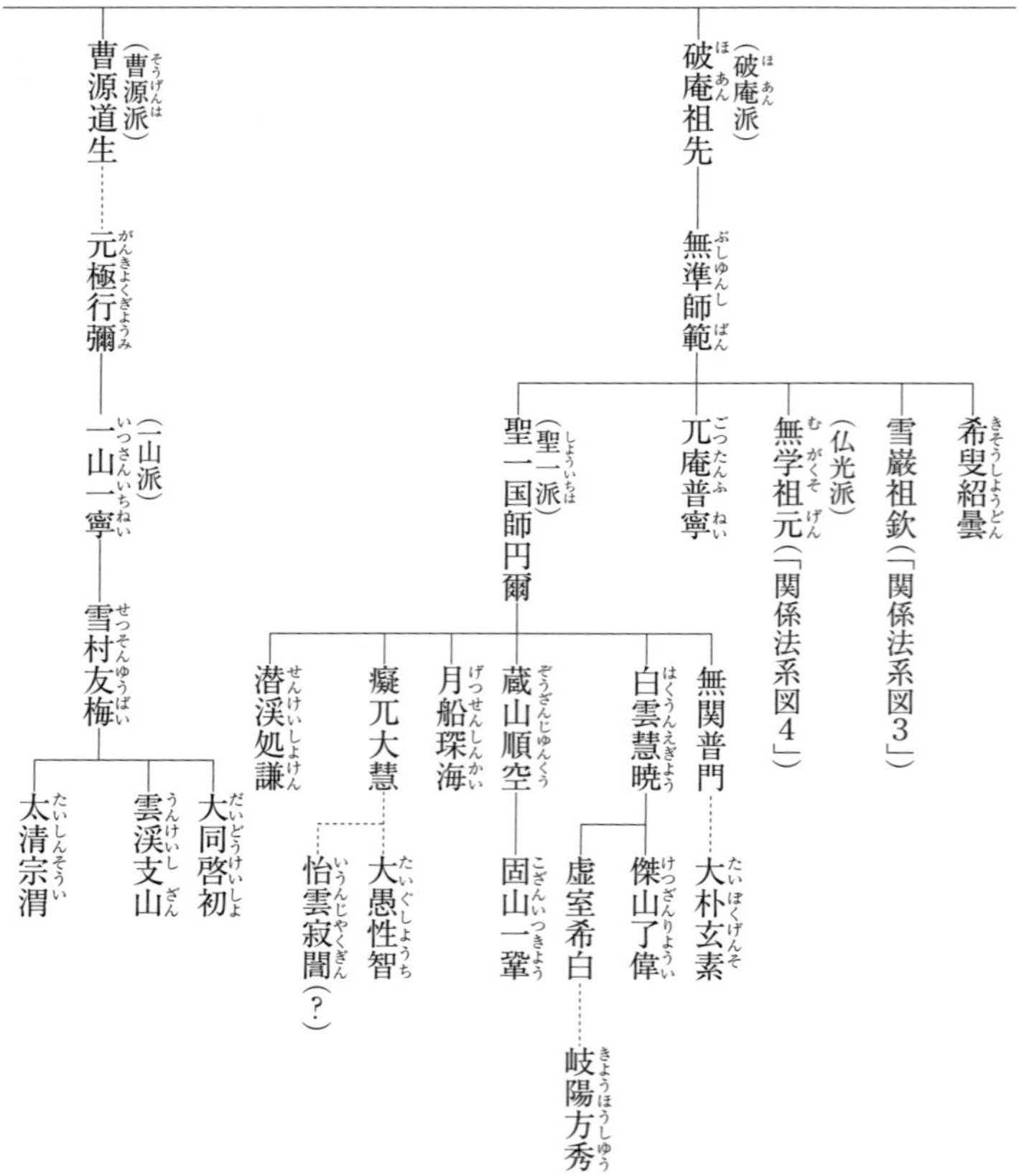
(破庵派《はあん》)
破庵《ほあん》祖先
無準師範《ぶしゅんしばん》
希叟紹曇《きそうしょうどん》
雪巌祖欽(「関係法系図3」)
(仏光派)
無学祖元《むがくそげん》(「関係法系図4」)
兀庵普寧《ごったんふねい》
(聖一派《しょういちは》)
聖一国師円爾
無関普門
大朴玄素《たいぼくげんそ》
白雲慧暁《はくうんえぎょう》
傑山了偉《けつざんりょうい》
虚室希白
岐陽方秀《きようほうしゅう》
蔵山順空《ぞうざんじゅんくう》
固山一鞏《こざんいっきょう》
月船琛海《げっせんしんかい》
癡兀大慧
大愚性智《たいぐしょうち》
怡雲寂誾《いうんじゃくぎん》(?)
潜渓処謙《せんけいしょけん》
(曹源派《そうげんは》)
曹源道生
元極行彌《がんきょくぎょうみ》
(一山派)
一山一寧《いっさんいちねい》
雪村友梅《せっそんゆうばい》
大同啓初《だいどうけいしょ》
雲渓支山《うんけいしざん》
太清宗渭《たいしんそうい》

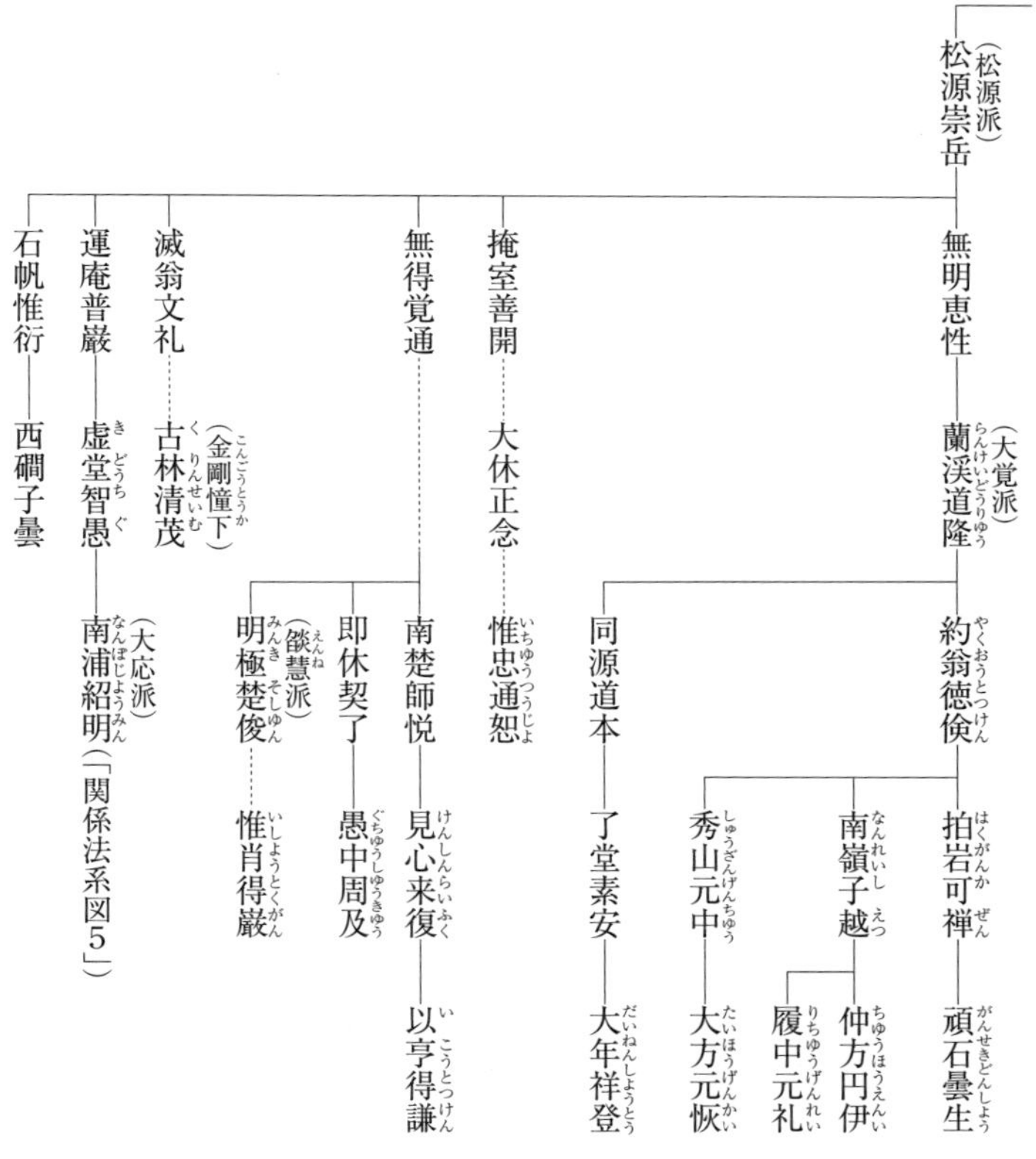
（松源派）
松源崇岳
無明恵性
（大覚派）
蘭渓道隆《らんけいどうりゅう》
約翁徳倹《やくおうとつけん》
拍岩可禅《はくがんかぜん》
頑石曇生《がんせきどんしょう》
南嶺子越《なんれいしえつ》
仲方円伊《ちゅうほうえんい》
履中元礼《りちゅうげんれい》
秀山元中《しゅうざんげんちゅう》
大方元恢《たいほうげんかい》
同源道本
了堂素安
大年祥登《だいねんしょうとう》
掩室善開
大休正念
惟忠通恕《いちゅうつうじょ》
無得覚通
南楚師悦
見心来復《けんしんらいふく》
以亨得謙《いこうとつけん》
即休契了
愚中周及《ぐちゅうしゅうきゅう》
（燄慧派）
燄慧《えんね》
明極楚俊《みんきそしゅん》
惟肖得巌《いしょうとくがん》
滅翁文礼
（金剛幢下）
金剛幢下《こんごうとうか》
古林清茂《くりんせいむ》
運庵普巌
虚堂智愚《きどうちぐ》
（大応派）
南浦紹明《なんぽじょうみん》（「関係法系図5」）
石帆惟衍
西礀子曇

「関係法系図2　大慧派」

（大慧派）

- 大慧《だいえ》宗杲《そうこう》
  - 拙庵徳光
    - 妙峰之善《みょうほうしぜん》
      - ……元叟行端《げんそうぎょうたん》
        - 楚石梵琦《そせきぼんき》
        - 仲猷祖闡《ちゅうゆうそせん》
        - 古鼎祖銘《こていそめい》
          - 白庵力金
        - 愚庵智及《ぐあんちきゅう》
          - 独庵道衍《どくあんどうえん》
          - 天倫道彝《てんりんどうい》
    - 敬叟居簡
      - ……晦機《まいき》元熙《げんき》
        - 東陽徳輝
          - 契中玄理《けいちゅうげんり》
          - 中巌円月《ちゅうがんえんげつ》
            - 子建浄業《しけんじょうごう》
          - 聞渓円宣《もんけいえんせん》
        - 笑隠大訢《しょういんだいきん》
          - 覚源慧曇《かくげんえどん》
          - 季潭宗泐《きたんそうろく》
          - 清遠懐渭《せいえんかいい》
          - 仲銘克新《ちゅうめいこくしん》
        - 芳林宗鬯《ほうりんそうちょう》
        - 仲方天倫《ちゅうほうてんりん》
          - 物先仲義《もつせんちゅうぎ》
            - 祖芳道聯《そほうどうれん》

「関係法系図3　破庵派雪巌派」

- （破庵派雪巌派）雪巌祖欽
  - 高峰原妙《こうほうげんみょう》―中峰明本《ちゅうほうみょうほん》
  - 及庵宗信《きゅうあんそうしん》
    - 石屋清珙《せきおくせいきょう》
      - 太古普愚《たいこふぐ》―木庵粲英
      - 白雲景閑《はくうんけいかん》
    - 平山處林《へいざんしょりん》
      - 徳祥止庵《とくしょうしあん》
      - 懶翁悲勤《らんおうひきん》―無学自超《むがくじちょう》―得通已和《とくつういわ》
  - 霊山道隠―石屛子介《せっぺいすかい》―透関慶頴《とうかんけいえい》

「関係法系図4　仏光派夢窓派」

- （仏光派）無学祖元《むがくそげん》―高峰顕日
  - （夢窓派）夢窓疎石
    - 無極志玄―空谷明応《くうこくみょうおう》―曇仲道芳《どんちゅうどうほう》―仲方中正《ちゅうほうちゅうしょう》
    - 春屋妙葩《しゅんおくみょうは》
    - 義堂周信《ぎどうしゅうしん》
    - 絶海中津《ぜっかいちゅうしん》
    - 黙翁妙誡―大岳周崇《たいがくしゅうすう》
  - 玉峰妙圭《ぎょくほうみょうけい》―南溟殊鵬《なんめいしゅほう》―璣叟圭璇《きそうけいせん》―堅中圭密《けんちゅうけいみつ》

「関係法系図5　大応派」

- （大応派）南浦紹明《なんぽじょうみん》
  - 宗峰妙超《しゅうほうみょうちょう》
    - 関山慧玄
    - 徹翁義亨
      - 言外宗忠《ごんがいそうちゅう》
        - 華叟宗曇
          - 養叟宗頤
          - 一休宗純《いっきゅうそうじゅん》
        - 大模宗範《だいもそうはん》
          - 春作禅興《しゅんさくぜんこう》
  - 絶崖宗卓
    - 岩叟本中
    - 明室宗喆《めいしつそうてつ》
      - 清隠慶一《せいいんけいいつ》
      - 日峰慶杲《にっぽうけいこう》
      - 石門本鞏
      - 大機慶育《たいきけいいく》
  - 可翁宗然
    - 定翁以禅
    - 鼎山言足
    - 大用宗任
    - 正宗心樹《しょうしゅうしんじゅ》
    - 性空宗任
  - 月堂宗規《げつどうそうき》
    - 無我省吾《むがしょうご》
    - 岳雲宗丘
    - 無方宗応《むほうそうおう》
      - 無涯亮倪《むがいりょうげい》
    - 象外宗越《ぞうがいそうえつ》
  - 峰翁祖一
    - 大蟲全岑
      - 月庵宗光《げったんそうこう》
  - 滅宗宗興
    - 月谷宗忠
      - 覚海元等
      - 菊庭義秀
        - 象先慶初《ぞうせんけいしょ》
        - 義空慶勝

「関係法系図6　曹洞宗」

- 道元……螢山紹瑾
  - 明峰素哲
    - 大智
  - （峨山派）峨山韶碩《がざんじょうせき》
    - 大源宗真《たいげんそうしん》
      - 梅山聞本《ばいざんもんぽん》
    - 無外円昭
      - 無著妙融《むちゃくみょうゆう》
        - 天真融適《てんしんゆうてき》
        - 無雑融純《むざつゆうじゅん》
    - 通幻寂霊
      - 石屋真梁《せきおくしんりょう》
        - 竹居正猷《ちくこしょうゆう》
        - 智翁永宗《ちおうえいしゅう》
        - 定庵殊禅《じょうあんしゅぜん》

足利義満と禅宗　関連年表

年号の（ ）内は中国の年号。○数字は閏月

西暦	年号	禅僧の対外交流関係	周辺関係
1368	応安元（洪武元）	この年、洪武帝、安南《ベトナム》・占城《チャンパ》・高麗・日本へ使者を派遣するが、日本への使者は途中賊に殺害され到着せず／絶海中津、入明。	1 朱元璋（洪武帝）即位。 3 洪武帝、天界寺に仏教統制機関として善世院（のち僧録司）を設置し、覚源《かくげん》慧曇《えどん》に統轄を命ず。 7 定山祖禅、『続正法論』を著す、これにより延暦寺衆徒、南禅寺を毀そうとする。 12 義満、征夷大将軍に任ぜられる。
1369	応安2（洪武2）	2 洪武帝、楊載《ようさい》・呉文華《ごぶんか》らを日本へ派遣。	冬、覚源慧曇、善世院を退く。
1370	応安3（洪武3）	3 洪武帝、趙秩《ちょうちつ》・朱本らを日本へ派遣。 6 覚源慧曇、省合剌国《スリランカ》へ出発／仲銘克新《ちゅうめいこくしん》、吐蕃《チベット》へ出発。	
1371	応安4（洪武4）	10 日本国王良懐（懐良）、僧祖来らを明へ答礼使として派遣。	2 九州探題今川了俊、九州に下向する。 11 この頃、春屋妙葩ら細川頼之と対立し丹後へ退去す。

1372	1373	1374	1375
応安5（洪武5）	応安6（洪武6）	応安7（洪武7）	永和元（洪武8）
5 洪武帝、懐良《かねよし》親王授封のため仲猷祖闡《ちゅうゆうそせん》・無逸克勤《むいつこくごん》らを派遣するが、使節らは九州探題今川了俊により聖福寺に抑留。 9 覚源慧曇、省合剌国《スリランカ》にて客死。 この年、洪武帝、入明中の椿庭海寿《ちんていかいじゅ》を召見し、日本の地形や国内情勢について質問する。	6 仲猷祖闡・無逸克勤ら九州より上洛し、嵯峨向陽庵に入る。 この年、洪武帝、無我《むが》省吾《しょうご》を召見し法問に答えさせる。	2 見心来復、「石城山呑碧楼記」を撰す。 4 義満、帰国する明使に同行させ聞渓円宣《もんけいえんせん》、子建浄業《しけんじょうごう》・喜春らを派遣。 6 日本僧宗嶽ら七一名、金陵《きんりょう》に到着／これより先、日本国高宮山報恩禅寺の霊枢《れいすう》、弟子霊照《れいしょう》を遣わし、馬一匹を貢ず。 7 季潭宗泐《きたんそうろく》、子建浄業の求めにより渡明途中に死去した一〇名の日本僧に対する追薦仏事を行う。	1 契中玄理《けいちゅうげんり》、聞渓円宣《もんけいえんせん》の帰国に際し中巌円《ちゅうがんえん》月《げつ》に贈る二首の詩偈を託す。
1 洪武帝、蔣山で広薦法会を行う。 8 今川了俊、大宰府を攻略し、征西将軍宮懐良親王、筑後高良山に逃れる。			8 宋濂、夢窓疎石の碑文を撰す。

1375	永和元（洪武8）	この年、豊後万寿寺の霊昱《れいいく》、明にて師独芳清曇の頂相を描かせ、季潭宗泐に賛を依頼する。	
1376	永和2（洪武9）	2 洪武帝、入明中の絶海中津を召見し、熊野の徐福《じょふく》遺跡について詩の唱和を行う。 4 日本国王良懐（懐良）、僧廷用文珪を明に派遣。 この年、愚中周及、『雲門一曲』の跋を撰す。	
1377	永和3（洪武10）	9 高麗、鄭夢周を日本へ遣わし、倭寇禁圧を求める。	
1378	永和4（洪武11）	この春、絶海中津、帰国。	3 義満、室町の新第（花の御所）へ移る。
1379	康暦元（洪武12）	10 義満、春屋妙葩を僧録に命ずる。	④ 義満、斯波義将らの要求により細川頼之の管領職を解任する（康暦の政変）。
1380	康暦2（洪武13）	1 左丞相胡惟庸《こいよう》、謀反を企てたとの理由により処刑される（胡惟庸・林賢《りんけん》謀反事件）。 9 義満、僧明悟・法助らを派遣し貢物を献ず。	
81	永徳元	7 日本国王良懐、如瑤蔵主を使者として入明	6 善世院、僧録司へと改められる。

13	(洪武14)	させるが、洪武帝は入貢を拒否。	
1382	永徳2 (洪武15)	9 独《どく》庵《あん》道《どう》衍《えん》(姚《よう》広《こう》孝《こう》)、燕王(永楽帝)に侍して慶禅寺に住す。 この年、洪武帝、日本からの遣使「嗜哩嘛哈」に「日本の風俗」について質問する。	1 義満、左大臣に任ぜられる/今川了俊、太宰府天満宮で千句連歌会を興行。 10 義満、相国寺建立を発願する。
1383	永徳3 (洪武16)		3 懐良親王、死去。 6 義満に准三宮宣下される。 9 義満、安聖院を鹿苑院と改め自ら額寺を書く。
1384	至徳元 (洪武17)	春、無《む》隠《いん》智《ち》光《こう》、尼巴辣《ネパール》へ出発。	
1385	至徳2 (洪武18)		
1386	至徳3 (洪武19)	10 林賢の謀反の企てが発覚し(胡惟庸・林賢謀反事件)、洪武帝は日本との断交を決意する。	2 義持、誕生。 7 義満、五山の座位を改め南禅寺を「五山之上」とする。
1387	嘉慶元 (洪武20)		
1388	嘉慶2 (洪武21)		2 天界寺火災により、僧録司は天禧寺(大報恩寺)へ遷される。

1388	嘉慶2（洪武21）		4 義堂周信、死去。 8 春屋妙葩、死去。
1389	康応元（洪武22）		
1390	明徳元（洪武23）		③ 義満、美濃国守護土岐康行を攻撃し没落させる（美濃の乱）。
1391	明徳2（洪武24）	9 季潭宗泐、死去。 この年、胡惟庸の党に連座して投獄されていた見心来復《けんしんらいふく》、獄死す。	12 山名氏清、幕府に背き敗死する（明徳の乱）。
1392	明徳3（洪武25）	11 朝鮮の太祖李成桂、僧覚鎚《かくつい》を日本に遣わし、幕府に倭寇禁圧を要求する。 12 義満、絶海中津に朝鮮への返書を書かせ、僧寿允を朝鮮に遣わす。 この年、胡惟庸の党に連座して投獄されていた徳祥止庵《とくしょうしあん》、獄死す。	3 細川頼之、死去。 4 李成桂、朝鮮建国。 8 相国寺落成供養、義満これに臨む。 ⑩ 南北朝合体。
1393	明徳4（洪武26）		
1394	応永元（洪武27）		12 義満、将軍職を義持に譲り、自身は太政大臣となる。
95	応永2		6 義満、出家（法名道有・道義）。

13	（洪武28）		8 義満、今川了俊の九州探題職を解任。
1396	応永3（洪武29）	この年、大内義弘、朝鮮に使者を派遣し大蔵経を求める。	4 九州探題渋川満頼、博多に到着。
1397	応永4（洪武30）	11 渋川満頼、使者を朝鮮に送り大蔵経を求める。	4 義満、北山山荘を造営／小早川春平、安芸仏通寺を創建し愚中周及を開山とする。
1398	応永5（洪武31）		⑤ 洪武帝、死去／恵帝（建文帝）、即位。
1399	応永6（建文元）	9 「博多慈雲禅庵天真」、朝鮮に遣使する。	7 燕王（永楽帝）、建文帝に対して兵をあげる（靖難の役）。 9 相国寺七重塔供養、義満これに臨む。 12 大内義弘、義満に対して反乱を起こし、堺で敗死する（応永の乱）。
1400	応永7（建文2）	8 博多承天寺「誾《ぎん》公」、朝鮮へ使者を派遣し、大蔵経を求める／「博多慈雲禅庵天真」、朝鮮に遣使する。	
1401	応永8（建文3）	4 「博多慈雲禅庵天真」、朝鮮に遣使する。 5 義満、肥富と祖阿を明に遣わし修好を求める。 9 「博多慈雲禅庵天真」、朝鮮に遣使する。	3 義満、五山座位を改定し、相国寺を五山第一とする。

1402	応永9（建文4）（洪武35）	8 遣明使祖阿ら帰国、義満は兵庫に出向きその船を観る。 9 義満、明の使僧天倫道彝《てんりんどうい》および一庵一如《いちあんいちじょ》を北山第に引見する／明使ら鹿苑院に絶海中津を訪れて、詩を唱和す。	6 永楽帝、即位。
1403	応永10（永楽元）	2 明使の帰国に際し、堅中圭密《けんちゅうけいみつ》を使として遣わす。 11 独庵道衍（姚広孝）、絶海中津の『蕉堅稿』に序文を書く。	
1404	応永11（永楽2）	5 遣明使堅中圭密ら帰国、義満、明使趙居任らを引見す。 7 義満、明使の帰国に際し、明室梵亮を明に派遣する。	
1405	応永12（永楽3）	4 絶海中津、死去。 5 義満、明使を引見す。	
1406	応永13（永楽4）	6 義満、明使潘賜らを引見す。	
1407	応永14（永楽5）	7 大内盛見、朝鮮へ中和通文を派遣し大蔵経を求める。 8 義満、明使を引見す。	

		この年、義満、堅中圭密を明に派遣する。	
1408	応永15（永楽6）	2　義満、明使の帰国に際し、堅中圭密を明に派遣する。 12　義持、堅中圭密を明に送り父義満の死を報ず／永楽帝、周全を日本へ遣わし、義持を日本国王となす。	5　義満、死去。 6　義持、「足利義満像」（鹿苑寺蔵）を作成／南蛮船、若狭小浜に来着す。
1409	応永16（永楽7）	6　管領斯波義将、義満の死と義持の将軍就任を朝鮮に報じ、大蔵経を求める。 7　義持、明使周全を北山殿で引見。	8　愚中周及、死去。 冬、大内盛見、上洛する。
1410	応永17（永楽8）	4　義持、堅中圭密を明に遣わし、日本国王に命じられた恩を謝す。 8　大内盛見、朝鮮に使者を派遣する。	2　義持、五山座位を改定し、相国寺を五山第二とする。 5　斯波義将、死去。 12　義持、相国寺恵林院を創設。
1411	応永18（永楽9）	9　これより先、明使王進が来朝するが、入洛できず兵庫より帰国する。 10　足利義持・大内盛見、朝鮮へ遣使し大蔵経を求める。	
1412	応永19（永楽10）		6　南蛮船、若狭小浜に来着す。 12　履中元礼《りちゅうげんれい》、「足利義持寿像」（慈済院蔵）に著賛。

1413	応永20（永楽11）		
1414	応永21（永楽12）		5 怡雲寂誾、足利義満七回忌に参加。 9 怡雲寂誾、「足利義持寿像」（神護寺蔵）に著賛。
1415	応永22（永楽13）		
1416	応永23（永楽14）		6 義持、相国寺《しょうこくじ》内の兵具の捜索を敢行する。 10 上杉禅秀の乱起こる。
1417	応永24（永楽15）		
1418	応永25（永楽16）	3 独庵道衍（姚広孝）、死去。 6 明使呂淵、来朝するが、入洛できず兵庫より帰国する。	この年、九州探題渋川満頼解任され、その子義俊が補任される。
1419	応永26（永楽17）	8 明使呂淵、再度来朝するが、入洛できず兵庫より帰国する。 12 義持、応永の外寇事件の真相を探らせるため、無涯亮倪《むがいりょうげい》と平方吉久を朝鮮へ派遣。	6 朝鮮、対馬を襲撃する（応永の外寇）。 8 義持、中峰明本《ちゅうほうみょうほん》百年忌を相国寺で開催し、三宝院満済とともに臨む。
20	応永27	2 義持、朝鮮使宋希《そうき》璟《けい》を引見する。	8 宋希《そうき》璟《けい》の『老松堂日本行録』成る。

14	（永楽18）		
1421	応永28（永楽19）		この年、永楽帝、北京に遷都。
1422	応永29（永楽20）	5　義持、朝鮮に使者を派遣し大蔵経を求める。 この年、大内盛見、使者を朝鮮に派遣する。	
1423	応永30（永楽21）	7　義持、朝鮮に使者を派遣し大蔵経の版木を求める。	3　義持、将軍職を辞す／足利義量、征夷大将軍に任ぜられる。
1424	応永31（永楽22）	8　義持、朝鮮に使者を派遣し大蔵経の版木を求める。	7　永楽帝、死去。 8　洪熙帝、即位。 11　九州探題渋川義俊解任。
1425	応永32（洪熙元）		2　足利義量、死去。 7　大内盛見、京都より九州に下向する。
1426	応永33（宣徳元）		
1427	応永34（宣徳2）		
1428	正長元（宣徳3）		1　義持、死去。 9　正長の土一揆起こる。

あとがき

絵画を見るのが好きだ。とりわけ、恥ずかしながら告白すれば、印象派モネのファンであるようだ。

もちろんにわかファンの悲しさ、難しいことはさっぱりわからない。それでも『睡蓮』の連作などは、国内の美術館はもちろん、パリのオランジュリー美術館まで追っかけをした。朝、昼、夕刻と、絶え間なく移り変わる光の中で、例のジヴェルニーの池の睡蓮はさまざまな表情を見せていた。たとえ同じ構図の睡蓮であっても、作品ごとに全く別の世界が生まれていたのである。いつまで見ても見飽きることのない作品だった。

本書執筆の依頼を頂いたとき、その絵のことがぼんやりと頭に浮かんだ。「義満と禅宗」の問題は、これまでにも多くの成果が積み重ねられている。もしかしたら私の出番などゼロに等しいのかもしれない。

そのように思い悩みながらも、一方では、この時期の禅宗の姿を日明国交回復という光の中で見てみたい、それはいったいどのような姿を見せるのだろう、これまでの禅宗のイメージとはかなり異なったものになるのではないか、そのような思いもあった。

有り体に言えば、そのような私のやや勝手な願いから本書の執筆は始められた。マスコミでは尖閣諸島をめぐる日中関係のギクシャクぶりが連日過熱気味に報道されていた、ちょうどその頃のことであった。そして、書き終えた今、あらためて思ったことがある。

本書は、この時期の禅宗が担った特別な役割というものを、あまりに強調しすぎてしまったかもしれない。あるいは禅宗のより本質的な問題とは、本書がやむなく削りとってしまった部分にこそあったのではないか、そのような思いが今はつきまとっている。同様のご意見は、おそらく読者の方々からも寄せられるであろうし、私自身、新たな光を待ってさらに検討してみたいと考えているところである。

だが、たとえそうであったとしても、とも思う。本書が描いたような禅宗の姿が、ある時期、確かにそこに存在したことは紛れもない事実なのである。そうであるとすれば、本書のような粗雑なスケッチにも、それはそれでいくらかの意味はあるのかもしれない。昨今の日中関係のギクシャクぶりを見るにつけても、そのように思えたりするのである。いささかの開き直りも込めて、この点は少しばかり強弁させていただくことにしよう。

ともあれ、読者の方々には、本書は印象派の絵画宜しく、少し距離を置いた場所から眺めていただきたい。そしてこの時期の禅宗がもった独自の輝きを、そこから多少なりとも感じ取っていただけたとすれば、私の思いはそれで十分達成されたことになる。大方のご叱正をお願いしたい。

ちなみに、本書の前半部分は、二〇〇一年度九州史学研究会大会の公開講演で行った「足利義満と禅宗」が基になっている。その後、同様のテーマで何度か講演をすることがあり、最終的には二〇〇七年度の日本宗教文化史学会記念講演「中世の日中交流と禅宗──「日明国交回復」と禅僧──」を骨子に執筆した。また本書に関連した論文としては、「足利義満と禅僧」(平成一四年度～一七年度科学研究費補助金研究成果報告書『国境をこえる「公共性」の比較史的研究』所収)、「中世の日中交流と禅宗」(『日本宗教文化史研究』第一二巻二号)などがある。

ところで、本日までの間、講演終了後の飲み会の席やお手紙なども含め、多くの方々から貴重な御意見やご教示を頂いた。ここで各人のお名前を記すことは控えさせていただくが、その方々にはあらためて深くお礼を申し上げたいと思う。

最後になったが、法藏館の田中夕子・秋月俊也両氏には拙著出版に際して大変お世話になった。また校正の際には京都府立大学のゼミ生である田中純子、竹貫友佳子、宇佐美倫太郎氏のお手を煩わせた。あわせて厚くお礼を申し上げておきたい。

二〇一一年四月

上田純一

上田純一（うえだ　じゅんいち）

1950年熊本市に生まれる。京都府立大学文学部卒業ののち、九州大学大学院文学研究科博士後期課程単位取得退学。博士（文学）。九州大学文学部助手、福岡市教育委員会（博物館準備室）などを経て、現在、京都府立大学文学部歴史学科教授。主な著書に『九州中世禅宗史の研究』（文献出版）、『丹後地域史へのいざない』（編・著、思文閣出版）、史料翻刻として『京都金地院公文帳』（八木書店）など。

シリーズ　権力者と仏教3

足利義満と禅宗

二〇一一年九月二〇日　初版第一刷発行

著　者　上田純一

発行者　西村明高

発行所　株式会社　法藏館
京都市下京区正面通烏丸東入
郵便番号　六〇〇-八一五三
電話　〇七五-三四三-〇〇三〇（編集）
〇七五-三四三-五六五六（営業）

装幀者　山崎　登

印刷・製本　亜細亜印刷株式会社

ISBN 978-4-8318-7585-3 C1321